旧約聖書と教会

今、旧約聖書を読み解く

小友 聡

教文館

まえがき

本書を手にする読者は、『旧約聖書と教会――今、旧約聖書を読み解く』というタイトルに興味を抱いた方だろうか。あるいは、コヘレトについて多くを書いている著者の名前を見て本書を読んでみたいと思われた方だろうか。読者が牧師であれ、神学生であれ、信徒であれ、あるいはまったく教会とは無縁の方であれ、とにかくこれからじっくり読んでいただきたく願う。

本書は、難しい旧約聖書をキリスト教信仰者の教会生活に引き寄せて説明しようと書かれた論文集である。筆者の言葉で言い換えると、旧約聖書のヘブライズムの思考を現代に着地させようという独自の試みである。学術的な論文というより、むしろ論考と言った方がよいだろう。一一の論考にはやや詳細な章末注がついたものもあるが、決して難しい内容ではないので、敬遠せずにぜひ読み進めてほしい。筆者がこれまで二七年間に旧約研究者として、また牧師として、旧約聖書に取り組んできた神学的な足跡の一部がおわかりいただけると思う。本書を読んで、意外にも旧約聖書が私たちの現在に届く言葉を発信していることがわかり、旧約聖書が身近に感じられるようになるならば、そしてまた、教会との距離がほんのわずかでも狭まるならば、筆者としては望外の喜びである。

なお、本書における聖書の引用は基本的に、『聖書　新共同訳』を用いた。聖書文書名の略語も新共同訳に準じた。また、聖書引用文中の傍点、〔　〕は筆者による。

旧約聖書と教会

目次

装丁　熊谷博人

第一部　旧約聖書の思想

第一章　旧約聖書は歴史をどう描いているか——試練と摂理

1　はじめに

旧約聖書には世界や人間の運命を「摂理」として捉える思想がある。それは人間の意志を超えたところで神が支配権を有し、神の計画どおりに事柄が実現するという思想である。旧約聖書は神がイスラエル民族を導く歴史を書き記している、という事実からこのことは読み取れる。けれども、旧約聖書において興味深いのは、この神による摂理が機械仕掛けのように実現するとは表現されないということである。もちろん、歴代誌的歴史書などの記述には応報思想が見られるが、それは旧約時代後期のユダヤ教正統主義的神学によるものであって、ここでわれわれが扱う範囲ではない。神の摂理が歴史において成就するという旧約の思想で重要なことは、摂理が人間の意志に深くかかわって実現していくということである。つまり、神の意志と人間の意志がぶつかるところで、歴史が動き、神の摂理が実現するのである。その神と人間の意志の衝突において決定的なことは、人間が苦しみ、もがくということである。そのような人間の「試練」を経て「摂理」が成就する。まさに人間のドラマがそこに展開される。たとえば、ヨブ記にそれは最も典型的に見られると言ってよい。神の前で義人であるヨブが次から次に耐え難い災いに遭う物語である。ヨブの試練をとおして、神の摂理が露わとなるのである。

しかし、試練と摂理を説明するのはヨブ記だけではない。旧約聖書冒頭の創世記にもそれは見られる。そこで、われわれは創世記の族長物語を手掛かりに、「試練」と「摂理」について探究しようと思う。とりわけ、アブラハムのイサク奉献物語（二二章）とヨセフ物語（特に四五章）が重要である。この二つのテクストに注目し、そこに現れる「試練」と「摂理」について論じ、旧約聖書が歴史をどう描いているかを説明する。

その前に、まず族長物語なるものについて説明しておこう。創世記の一二章から五〇章までが族長物語である。その前にある一―一一章は原初史と呼ばれる。原初史は天地創造に始まる人間の歴史が「バベルの塔」建設で破綻するところまでを記す。この部分は、創世記（あるいはまたモーセ五書全体）においてイスラエルの民族主義を相対化する普遍主義的な意義を有する。その原初史に接続してイスラエル民族固有の歴史をアブラハムから記述するのが族長物語である。この族長物語はアブラハム、イサク、ヤコブ、ヨセフの物語と続き、次の出エジプト記においてエジプト脱出を実現させる発端となる。

族長物語について論じる場合に、まず問題となるのはその史実性である。族長時代が史実であるとすれば、紀元前一三世紀以前の紀元前二〇〇〇年紀ということになる。けれども、考古学的な知見をも有する最近の旧約学者の多くは族長物語の史実性について疑問を呈している。たとえば、アブラハム物語にペリシテ人が登場する（創二一・三二、三四）が、ペリシテ人がカナン地方に移住するのは考古学的には紀元前一一世紀以前ではあり得ない。駱駝の飼育化についても同じことが言える。族長アブラハムが家畜として駱駝を所有している（創二四・一〇、三五など）のは時代錯誤と言わざるを得ない。族長時代には後の王国時代の時代状況が逆投影されているのである。これはヴェルハウゼンの資料仮説の妥当性とも関係している。アブラハムなど族長たちの人物像について、それが史実を語るものとは今日、考えられていない。族長物語はそもそも虚構の歴史である。けれども、虚構であるということは、まったく事実を反映しない奇想天外な古代神話であることを意味しない。族長物語には古い伝承が背景にあることは確実である。そこではイスラエル民族の歴史が幾重にも下敷きとなって、いわば複合的な歴史が記述されているのである。「試練と摂理」という問題はそこから読み取ることが可能となる。われわれは族長物語の中でまず族長アブラハムに関する記述に目を向けよう。

２　イサク奉献の物語（創世記二二章）

イサク奉献物語について

創世記二二章はアブラハム物語の中で最も有名な物語の一つである。これはイサク奉献の物語であり、ユダヤ教ではアケーダー（アラム語で「縛り」を意味する）と呼ばれる。これは、多くの文学や思想の源泉になっている有名な物語である。アブラハム物語について簡単に紹介しておこう。アブラハム物語は創世記一二章から二五章までだが、二一章からはイサク物語と重なる。まず、一二章によると、アブラハム（アブラム）は神の約束を信じて、カルデアのウルからハランを経て、約束の地カナンに入る。アブラハムは七五歳であったとされる。彼の妻はサラ（サライ）。けれども、この夫婦には子供が与えられない。ところがアブラハムが一〇〇歳になった時、老齢の妻サラに息子イサクが与えられた。イサクとはヘブライ語で「彼は笑う」という意味で、イサクはまさしく約束の子だ。ところが、である。そのアブラハムに神は思いがけない命令を与えるのである。この二二章を引用しよう。

[1]これらのことの後で、神はアブラハムを試された。
神が、「アブラハムよ」と呼びかけ、彼が、「はい」と答えると、[2]神は命じられた。
「あなたの息子、あなたの愛する独り子イサクを連れて、モリヤの地に行きなさい。わたしが
命じる山の一つに登り、彼を焼き尽くす献げ物としてささげなさい」。
[3]次の朝早く、アブラハムはろばに鞍を置き、献げ物に用いる薪を割り、二人の若者と息子イ
サクを連れ、神の命じられた所に向かって行った。
[4]三日目になって、アブラハムが目を凝らすと、遠くにその場所が見えたので、[5]アブラハム
は若者に言った。

「お前たちは、ろばと一緒にここで待っていなさい。わたしと息子はあそこへ行って、礼拝を

して、また戻ってくる」。
6 アブラハムは、焼き尽くす献げ物に用いる薪を取って、息子イサクに背負わせ、自分は火と
刃物を手に持った。二人は一緒に歩いて行った。
7 イサクは父アブラハムに、「わたしのお父さん」と呼びかけた。彼が、「ここにいる。わたし
の子よ」と答えると、イサクは言った。

「火と薪はここにありますが、焼き尽くす献げ物にする小羊はどこにいるのですか」。
8 アブラハムは答えた。
「わたしの子よ、焼き尽くす献げ物の小羊はきっと神が備えてくださる」。二人は一緒に歩いて
行った。
9 神が命じられた場所に着くと、アブラハムはそこに祭壇を築き、薪を並べ、息子イサクを縛
って祭壇の薪の上に載せた。10 そしてアブラハムは、手を伸ばして刃物を取り、息子を屠ろうと
した。
11 そのとき、天から主の御使いが、「アブラハム、アブラハム」と呼びかけた。彼が、「はい」
と答えると、12 御使いは言った。
「その子に手を下すな。何もしてはならない。あなたが神を畏れる者であることが、今、分か
ったからだ。あなたは、自分の独り子である息子すら、わたしにささげることを惜しまなかっ
た」。

13アブラハムは目を凝らして見回した。すると、後ろの木の茂みに一匹の雄羊が角をとられて
いた。アブラハムは行ってその雄羊を捕まえ、息子の代わりに焼き尽くす献げ物としてささげた。
14アブラハムはその場所をヤーウェ・イルエ（主は備えてくださる）と名付けた。そこで、
人々は今日でも「主の山に、備えあり（イエラエ）」と言っている。（一—一四節）

物語の文学性について

これは実に緊張を孕む簡潔な物語である。このテクストを理解しようとする場合、旧約聖書学ではまず文献批判的考察から始める。その際、文書資料仮説が重要となる。この部分は、神名がエロヒーム（神）であるために、基本的にはエロヒスト資料に属すると見るのが普通だ。あるいはまた、ヤーウェ（主）という神名も一部含まれる（一一、一四節）ので、ヤーウィスト資料（J）とエロヒスト資料（E）が合体したエホヴィスト資料層（JE）として理解されるだろう。最近ではエロヒスト資料の存在について否定的な見解が多いので慎重に判断しなければならないが、イサク奉献物語の技巧と筋書きは実に見事で、首尾一貫したものがある。このテクストは極めて完成度の高い記述である。

この物語は対話によって展開する。まず、「アブラハムよ」という神の呼びかけから始まる（一節）。アブラハムはそれに「はい」と応答する。この呼びかけは、次に七節でイサクがアブラハムに「わたしのお父さん」と呼びかけ、アブラハムが「ここにいる。わたしの子よ」と応答することに対応している。さらに、一一節では再び「アブラハム、アブラハム」と神が呼びかけ、アブラハムが「はい」

と応答する。要するに、神の呼びかけにアブラハムが応答することをもって物語が始まり、再び神の呼びかけにアブラハムが応答して物語が終結する。その筋道のちょうど分岐点で息子イサクが父アブラハムに呼びかけ、アブラハムが応答するという場面がある。アブラハムが応答し行動をとるという仕方で物語は一貫しているのだ。

物語の構造をさらに考察しよう。左近淑の優れた分析がわれわれの役に立つ。物語は二つに分かれ、第一部が一―一〇節、第二部は一一―一四節である。第一部を分析すると、「神の命令」(二節)におけるキーワード「取る(連れる)」「行く」が発端となり、それがさらにアブラハムの服従のキーワードとなって、物語が展開する。一―二節は「神の命令」、三節は「服従Ⅰ」、四―六節は「服従Ⅱ」、七―八節は「信仰」、九―一〇節は「服従Ⅲ」である。A「神の命令」→B1「服従Ⅰ」→B2「服従Ⅱ」→C「信仰」→B3「服従Ⅲ」という展開だ。この構造の中心はC「信仰」であって、「神が備えてくださる」という言葉が際立つ。ここで用いられるヘブライ語の動詞はラーアーのカル未完了形。直訳すると「見る」という意味である。これがラテン語でprovideo(先を見る)と訳され、英語でもprovideと訳されるようになった。英語でprovide(備える)はprovidence(摂理)と結びつく。したがって、「神が先を見る」とは「神が備えてくださる」とも訳せるのであり、いずれにせよ「神が備えてくださる」というアブラハムの信仰の表現において「摂理」がほのめかされていると読み取れるのである。

物語の後半である第二部は、一一―一二節「神の命令」、一三節「服従」、一四節「摂理」という展開である。つまり、A′「神の命令」→B′「服従」→C′「摂理」という展開だ。第一部と同様に神の命令から始まる。その結論はC′「摂理」である。すなわち、「ヤーウェ・イルエ（主は備えてくださる）」、「主の山に、備えあり（イエラエ）」がまさしく神の摂理を説明する表現として際立つ。この第二部の結論である「摂理」は、第一部の中心部「信仰」と意味上対応している。したがって、物語全体は実に見事に一貫した構造を示すことがわかる。

試練と摂理の読み取り

この創世記二二章から「試練と摂理」という問題をどのように読み取ることができるだろうか。この物語に「試練」と「摂理」が語られていることは容易に読み取れる。というのも、この物語は「神はアブラハムを試された」（一節）という言葉から始まるからである。アブラハムが息子イサクを犠牲に捧げることを命じられる耐え難い試練が、アブラハムの服従と信仰によって摂理に至る、という道筋が浮き彫りにされる。

それにしても、神はなぜイサクを奉献せよという過酷な命令をアブラハムに与えたのだろうか。その理由について聖書は完全に沈黙している。それが神の意志であったという以外に理由はない。これについて、古今東西、さまざまな解釈がなされてきたのは確かである。わが子を焼き尽くす献げ物として捧げる忌まわしいモレク礼拝（レビ一八・二一）が宗教史的背景にあると指摘されることもあるが、なぜそれがよりにもよって神の命令としてアブラハムに告げられたかはまったく説明がつかない。解釈についてはは依然として謎があるのである。

われわれにとって重要なのは、このイサク奉献物語それ自体が「試練と摂理」というテーマについて語っているということだけではない。この物語にある歴史的背景が見逃せないのである。このテクストの起源がエロヒスト文書（E）ないしエホヴィスト資料層（JE）に属する可能性はすでに指摘した。もし、そうであるとすれば、紀元前八世紀終わりということになる。北王国イスラエルに起源したに違いないこのテクストは、アッシリア帝国による北王国滅亡（前七二一年、王下一八・九以下参照）という危機的状況の中で書き記されたに違いない。それは、Eの思想的特徴である「神を畏れる」（創二二・一二）という信仰の告白に顕著に現れる。王国滅亡という民族の試練においては、真に神を畏れて神の命令に従うことができるかが決定的な問題であった。その告白的状況（status confessionis）がテクストの「試練と摂理」というテーマを紡ぎ出している。試練が神への信仰と服従によって摂理に至るという思想は、その背景にある歴史から読み取れるのである。

けれども、それだけではない。この物語には、注目すべきことに「モリヤ」という地名が出てくる（二節）。モリヤとは歴代誌下三章一節の記述によれば、エルサレムを指す。この歴代誌の記述をテクストが前提している可能性は高い。そうだとすれば、このテクストの最終的な成立はEの紀元前八世紀からさらに数百年後の紀元前四世紀頃ということになる。北王国のみならず南王国も滅亡し、絶望的な破局を経験したイスラエル民族が、過酷な試練のなかで服従と信仰によって摂理を知る、という道筋もまたテクストには反映しているのである。アブラハムが神から試みを受け、独り子イサクを捧げるという極限的苦しみを経験したことは、テクストの基層においてイスラエルの歴史と深くかかわっている。イスラエル民族の苦難の歴史が幾重にも重なってこのテクストを創り出したのである。

3　ヨセフ物語（創世記四五章）

ヨセフ物語について

創世記三七章からヨセフ物語が始まる。創世記最後の五〇章まで続く壮大な物語だ。このヨセフ物語にも「試練と摂理」という主題が浮かび上がってくる。

長い物語なので、まずこの物語について紹介をしておく。ヨセフは父ヤコブの一一番目の息子であった。年寄り子であったので、溺愛され、そのために兄たちはヨセフに嫉妬した。一七歳の時、羊を飼う兄たちのもとにヨセフは父ヤコブから遣わされた。ヨセフは兄たちを見つけるが、兄たちは彼を殺そうと企てた。兄たちはヨセフの晴れ着を剥ぎ取り、穴に投げ込んだ。ちょうど、エジプトに向かうイシュマエル人の隊商が通りかかった。ヨセフを売り飛ばそうと思って兄たちが相談しているうち、たまたま通りかかったミディアン人の商人がヨセフを見つけイシュマエル人に売り渡してしまった。こうして、ヨセフは奴隷としてエジプトに連れて行かれるのだ。一方、兄たちはヨセフの晴れ着に雄山羊の地を塗りつけ、父ヤコブに届けた。ヤコブはそれを見て、ヨセフが野獣に嚙み殺されたと思い込み、悲嘆に暮れるのである。

それから一三年が経った。エジプトでのヨセフは試練の連続だったが、まったく思いがけず、彼はファラオの前に招かれ、見事にファラオの夢を解き明かした。その功績によってヨセフはファラオの信頼を獲得しエジプトの宰相に抜擢されるのである。宰相ヨセフの政策によってエジプトは大飢饉の間も繁栄を保持した。ちょうどその頃、食料を求めてヤコブの子らがエジプトにやって来る。ヨセフは兄たちにすぐ気づいたが、兄たちはこの国の宰相がヨセフだとはまったく気がつかない。そこで、四五章の対面の場面となるのだ。ヨセフは兄たちにすべてを明かした。創世記四五章三―八節の記述は次のとおりである。


ヨセフは、兄弟たちに言った。

「わたしはヨセフです。お父さんはまだ生きておられますか」。

兄弟たちはヨセフの前で驚きのあまり、答えることができなかった。

ヨセフは兄弟たちに言った。

「どうか、もっと近寄ってください」。

兄弟たちがそばへ近づくと、ヨセフはまた言った。

「わたしはあなたたちがエジプトへ売った弟のヨセフです。しかし、今は、わたしをここへ売ったことを悔やんだり、責め合ったりする必要はありません。命を救うために、神がわたしをあなたたちより先にお遣わしになったのです。この二年の間、世界中に飢饉が襲っていますが、まだこれから五年間は、耕すこともなく、収穫もないでしょう。神がわたしをあなたたちより先にお遣わしになったのは、この国にあなたたちの残りの者を与え、あなたたちを生き永らえさせて、大いなる救いに至らせるためです。わたしをここへ遣わしたのは、あなたたちではなく、神です。神がわたしをファラオの顧問、宮廷全体の主、エジプト全国を治める者としてくださったのです」。

この部分はヨセフ物語の有名なクライマックスである。実に感動的な場面だ。ヨセフは兄たちに身を明かし、兄弟たちはここに劇的な再会を果たした。こうして、父ヤコブにヨセフ健在の朗報がもたらされ、ヤコブの家族はその後、ヨセフの保護の下でエジプトに客人として寄留することになるのである。

ヨセフ物語の優れた文学性

ヨセフ物語について多くの説明は要らないだろう。ヨセフ物語はノヴェッレという完結した物語文学に属する。この物語はアブラハム、イサク、ヤコブと続いていく族長物語の中では特異な位置づけを有する。その文学的統一性ゆえに文献学的には資料仮説において細分化はされず、ＪとＥが合体したエホヴィスト資料層（JE）に属するものと理解するのが妥当である。物語の文学的統一性に目を向けると、なるほどこの物語の展開には見事な文学性が見られる。たとえば、三七章でヨセフの見る二つの夢は、ヨセフがやがてエジプトの宰相となって兄たちがヨセフの前にひれ伏すことを暗示させる。実際、兄たちは「地にひれ伏してヨセフを拝した」と記述される（四三・二六）。夢を見て解釈するヨセフの神的才能が兄たちの憎しみを買い、後にそれがファラオの信頼を得て宰相に抜擢されるきっかけとなるという物語の伏線も実に巧みである。

興味深いのは、「晴れ着」のモチーフである。三七章でヨセフは父ヤコブに特別な「晴れ着」を作ってもらった（三節）。これが兄たちの嫉妬の象徴であった。そのお陰でヨセフはひどい目に遭う。ヨセフは兄たちからその晴れ着を無理やり脱がされ（二三節）、また、血の付いたヨセフの晴れ着（三一節）を見せられた父ヤコブは悲嘆に暮れた。ヨセフは死んだと思い込んだのだ。さて、ファラオの侍従長ポティファルの家では、奴隷のヨセフは主人ポティファルの妻から着物を捕まれ、その着物を残してあわてて寝室から逃げ去った（三九・一二）。ところが、その着物が証拠となって、ヨセフは有罪となり、監獄に入れられる。まさしく濡れ衣！　であった。ここでも「着物」が重要な役割を果たしている。またしても、着物がヨセフにとって呪いとなった。けれども、それが結末ではない。ヨセフは監獄を出て着物を着替えてファラオの前に立ち（四一・一四）、ファラオから亜麻布の晴れ着を着せられ、ついにエジプトの宰相の地位に就くのである（四二節）。要するに、ヨセフの晴れ着の変遷がそのままヨセフ物語の不思議な展開を説明してくれるのだ。この物語が完成度の高い文学作品であることがわかる。

先ほど紹介した四五章の場面に戻ろう。ヨセフは兄たちの前ですべてを明かした。兄たちは驚き恐れて、言葉を失った。自分たちを歓迎したエジプトの宰相がなんと弟のヨセフだったからである。兄たちはかつてヨセフを裏切り、殺そうと企て、結果的にヨセフをエジプトに売り渡したのであった。ヨセフはエジプトで奴隷となり、ついには囚人となって苦労に苦労を重ねた。彼の青春時代はひたすら試練の連続であった。ヨセフにとって兄たちは憎むべき復讐の対象であったはずである。ところが、ヨセフは兄たちにこう告白したのである。「命を救うために、神がわたしをあなたたちより先にお遣わしになったのです」（五節）。ヨセフは、自分をエジプトに遣わしたのは神だと証言しているのだ。誰もが感動を禁じ得ない場面である。

試練と摂理の読み取り

この物語が「試練と摂理」について語っているのは確かである。ヨセフが兄たちに「神がわたしをあなたたちより先にお遣わしになった」と告白したことは、「試練と摂理」を考える場合に決定的に重要となる。というのも、ヨセフは自分が経験したすべてを計画したのは神だと告白しているからだ。事実的に考えると、ヨセフが宰相としてエジプトにいる直接的原因は兄たちである。兄たちがヨセフを騙し、奴隷としてエジプトに売り渡したのである。けれども、ヨセフの告白では、派遣の主体は兄たちではなく、神だと表現される。歴史の動作主の転換が生じているのだ。ここにヨセフ物語において摂理という事柄が浮き彫りとなる。

ヨセフ物語は文学的には人間ドラマである。ヨセフは次から次に苦しい経験をするが、それは彼自身にも原因がある。また父親の溺愛も原因しているし、何よりも兄たちの罪は見逃せない。その人間の織り成すドラマの中で、ヨセフは翻弄され、人生の辛酸を嘗めていく。騙され、売り飛ばされ、奴隷にされ、囚人として監獄に繋がれる。ヨセフは下へ下へと落ちて行く。けれども、ヨセフは試練と受け止め、それらを引き受けていく。そして、ある日、彼は監獄から呼び出され、ファラオの顧問となって父ヤコブの家を救うわけである。このような人間ドラマであるにもかかわらず、ヨセフ物語は神の導きについてはっきりと語る。物語においてはヨセフや父ヤコブや兄たちの人間的破れがすべて繋がり、神の歴史計画を織り成すものとなる。重要なことは、逆境に苦しみ、もがくヨセフにはそれはまったくわからないということだ。摂理は徹頭徹尾、試練の背後に隠されている。

このヨセフ物語の背景にもイスラエルの歴史が関与している。その史実性を、ヒクソスがエジプトを支配した紀元前二〇〇〇年紀に見る学者もいるが、文献学的な実証は難しい。エホヴィスト資料層に属するこのテクストの起源は紀元前八世紀とみなされる（最近ではヴェスターマンなどがこの見解）。四二章一八節には「神を畏れる」というエロヒストに特徴的な思想も見られる。紀元前八世紀とは、イスラエル民族が南北に王国を形成するが、その一方の北王国が滅亡し、他方の南王国が生き残った時代である。すでに考察したイサク奉献物語の場合と同様だ。北王国が滅びるという試練において、イスラエル民族はなお神を信頼し神に服従するかが決定的に問われた。物語テクストはその試練の現実の只中にあって神の摂理の働きを救済史的に叙述しているのである。

そもそも、ヤコブの子らはイスラエル十二部族を指している。ヨセフはマナセとエフライムの父であるゆえに北王国イスラエルをほのめかす。また、ヨセフ族がエジプトに滞在した伝承はもともと北王国に保存されていた。そうであるとすれば、ヨセフによってエジプトに移住したイスラエル民族の将来が神の導きにあるという思想は、ヨセフ物語成立の根本的動機であったと考えられる。興味深いのはユダの姿である。ユダは南王国をほのめかすが、そのユダは物語ではヨセフの前で必死になって末弟ベニヤミンをかばい、父ヤコブの家を守ろうとする（四四章）。まるで滅亡の危機に瀕するイスラエル民族を一つにしようとユダが提言しているかに見える。注目すべきことだが、ヨセフ物語では「神」は背後に退いて姿を現さない。その特徴は捕囚後のノヴェッレであるエステル記に極めて類似している。いずれにせよ、ヨセフ物語の筋書きはイスラエル民族の果てしない苦難の歴史と重なり、「試練と摂理」という主題をも紡ぎ出しているのである。

４　旧約聖書における試練と摂理

旧約聖書が歴史をどう描いているかを考察する場合に、「試練と摂理」という問題の射程において考えることは有効である。旧約聖書は確かに試練と摂理について語る。それは族長物語に見られるとおりだ。すでに紹介したように、イサク奉献物語もヨセフ物語もともに「試練と摂理」について語っている。それならば、「試練と摂理」は旧約聖書においてそもそもどう理解されるべきだろうか。

何よりもまず指摘しうることは、試練と摂理は旧約聖書特有の歴史記述だということだ。旧約聖書の歴史記述においては「試練と摂理」が重要な特徴となる。イサク奉献物語もヨセフ物語も物語において試練と摂理を語るが、それはイスラエル民族の歴史的背景と二重になっている。民族的破局が試練と受け止められ、それでもなお神を信頼し神に従うかが決定的に問われる。そこにおいて、神の導きが摂理として記述されるのである。したがって、「試練と摂理」は歴史についての直接的客観的な記述ということはできない。むしろ、それは再考された歴史記述である。イスラエル民族の歴史においてすでに経験された事柄が深い反省によって再考され、それが物語として記述されるのである。言い換えると、「試練と摂理」は、神への信頼と服従によって実現していくと告白する宗教的歴史叙述である。その場合に、あらゆる苦難はただ単に苦難としてではなく、神の支配と計画にある「試練」として受け止められる。そこには、言うまでもないが、人間の限界を知り、その限界を超えたところに神の支配と計画を悟るイスラエル的知性（知恵）がある。イサク奉献物語もヨセフ物語も、ただ単に人間ドラマではなく、極めて宗教的な歴史記述なのである。

この「試練と摂理」を理解する場合に重要なことは、旧約聖書の歴史記述においては共同体的な契約認識が決定的に作用しているということである。イスラエル民族は自らを契約共同体として認識している。この強固な契約認識なしにイスラエルの歴史叙述を理解することはできない。イスラエルは選ばれた「神の民」として自らを認識するが、それはただ神との契約に基づく。その場合、シナイ山でモーセによって結ばれたシナイ契約（出一九―二四章）が決定的に重要であった。このシナイ契約において、イスラエルは神の民として生まれた。イスラエルは単に民族意識によってではなく、むしろ契約共同体として成立したのである。言い換えると、イスラエルは律法を守り、神を信頼し神に服従することをもってのみ、神との契約が保持される。この契約なしにイスラエルは存在理由を持たない。その意味において、アブラハム物語やヨセフ物語にはこの契約共同体としての歴史が刻印されている。神との契約が保持されている限り、神は決して「神の民」を見捨てるはずはなく、どん底でなお神は働くとの確信が生じる。この契約認識がイサク奉献物語とヨセフ物語において「試練」と「摂理」を決定的に結び合わせているのである。

さらに、もう一つ「試練と摂理」について重要なことは、宿命論とのかかわりである。旧約聖書が歴史をどう描いているかを理解するためには、「試練」と「摂理」のかかわりを知ることは重要である。けれども、「摂理」はいわゆる宿命とは区別されなければならない。族長物語の中に宿命思想を見ることはできない。宿命とは神の事前の決定どおりに事が進むということである。しかし、イサク奉献物語においてもヨセフ物語においても、そこに登場する人間は神の操り人形ではない。アブラハムもヨセフも、事の展開と結果をまったく予想していない。宿命論でも決定論でもなく、むしろ不可知性が支配しているのである。逆説的だが、もしあらかじめ結果が確定しているならば、試練はまったく意味を失う。試練が試練である限り、人は苦しみもがきながら、自らの自由な決断と主体性によって行動するほかない。歴史の支配者である神を信頼して生きるということはそういうことである。したがって、旧約聖書において、摂理はあくまで人間には決して知られることがない秘義なのだ。摂理とは、その字義通り「神は先を見ている」ということを人が信じて前に進むことでしかない。「摂理」

は振り返って初めてそれが認識される。このような「摂理」は、神の意志が人間の主体性を「試練」という仕方で要請する限りにおいて、歴史の連続性と非連続性の接点を指し示している。旧約聖書では「にもかかわらず」という仕方で歴史が叙述されるのである。

参考文献

左近淑『旧約の学び（上）――序・ヨセフ物語』日本キリスト教団出版局、一九八二年。

並木浩一『旧約聖書における社会と人間――古代イスラエルと東地中海世界』教文館、一九八二年。

関根清三『旧約聖書と哲学』岩波書店、二〇〇七年。

W・ブルッグマン（向井考史訳）『創世記』（現代聖書注解）日本キリスト教団出版局、一九八六年。

第二章 「コヘレトの言葉」と知恵的世界観

１　はじめに

「コヘレトの言葉」は、旧約の知恵文学に属する文書である。「すべては空しい」という言葉から始まる極めて独特な内容の文書である。「すべては空しい」という厭世的な表現だけでもある程度予想がつくように、この文書は聖書正典の中で際立った位置づけを有している。すでに紀元一世紀末のいわゆるヤムニア会議において、これを聖書正典に入れるかどうかについてユダヤ教団内部で激しい論争があったと言われている(1)。この書に書かれている内容が極端でありまた特殊であるために、これを神の言葉として認定すべきかどうか賛否両論が生じたのである。ようやく議論の最終段階において聖性が認定されるに至った。「コヘレトの言葉」にはそういう逸話がある。今日でも、旧約中の一文書としてふつうに読まれてはいるが、内容が大変掴みにくく、何が書いてあるかを要約することも難しいのがこの文書である。

特殊な文書である「コヘレトの言葉」が、極めて特殊であるにもかかわらず、旧約の知恵の思想的系譜にあるということは重要な事実である。けれども、それがどういう意味と意義を有するかについてはあまり考察されることがない。そこで、この問題について議論することをここでのわれわれの課題とする。「コヘレトの言葉」が旧約の知恵の系譜に属するということがわれわれにとって大変重要な意味を有すること。それがこの論文の趣旨である。

2 「コヘレトの言葉」の世界

コヘレトの言葉が旧約の思想的伝統の中では極めて異質であるということは確かなことである。それは旧約の「箴言」と比べてみるとよくわかる。「箴言」は古代イスラエルの知恵をまとめた文書である。たとえば、一〇章二七節に「主を畏れれば長寿を得る。主に逆らう者の人生は短い」と記される。これは典型的でまた伝統的な知恵の言葉である。主を畏れることと主に逆らうことが対比され、しかも、主を畏れる者は長寿、逆らう者は短命という報いが認定される。原因には必ずそれに見合った結果が伴うのであって、正義からは幸福が結果し、悪からは不幸が結果する。(2) これが知恵の世界である。ここには、確かな秩序がある。経験によって認識された世界の秩序である。知者は自らの経験によって世界の秩序や法則を探り、そういう知的探究から得た実際的で実用的な言葉を語るのである。それが知恵である。

ところが、「コヘレトの言葉」の場合はどうであろうか。コヘレトは知恵の法則と矛盾することを語る。しかも、徹底的に語る。たとえば、九章一一―一二節。

太陽の下、再びわたしは見た。
足の速い者が競走に、強い者が戦いに
　必ずしも勝つとは言えない。
知恵があるといってパンにありつくのでも
聡明だからといって富を得るのでも
知識があるといって好意をもたれるのでもない。
時と機会はだれにも臨むが
人間がその時を知らないだけだ。
魚が運悪く網にかかったり
鳥が罠にかかったりするように
人間も突然不運に見舞われ、罠にかかる。

これは、先ほどの箴言一〇章二七節とは内容的にまったく矛盾する。箴言では、正義からは幸福が結果し、悪からは不幸が結果するという知恵の秩序があった。原因にはそれにふさわしい結果が結びつく。けれども、コヘレトの場合は、足の速い者が必ず競走に勝つわけではなく、また強い者が必ずしも勝利するわけではない。つまり、正義からは幸福が必ずしも結果せず、悪からは不幸が結果するわけではないのである。秩序がまったく混乱している。これがコヘレトの世界認識である。人間は、魚や鳥が罠にかかるように、突然不運に見舞われることがある。原因と結果はまったく乖離し、しばしば偶発的なことが生じ、すべては不確実だ、ということがコヘレトの結論なのである[3]。要するに、知恵の秩序の崩壊である。コヘレトは知恵を疑い、知恵の無効性を訴えるのである。さらに一章一七節にはこう記される。「熱心に求めて知ったことは、結局、知恵も知識も狂気であり愚かであるにすぎないということだ。これも風を追うようなことだと悟った」。これは極めつきである。知恵は役に立たない。いや、それどころか、知恵も知識も狂気で愚かでさえある、とコヘレトは結論する。かつて箴言では知恵と対極にあった「愚かさ」が、今や「知恵」と同質になってしまう。コヘレトの場合には、古い知恵はもはや何の意味も持たない。そういう意味で、コヘレトの思想は伝統的な知恵の思想とはまったく異質であると言えるわけである。

3　コヘレトにおける伝統的知恵の継承

コヘレトは伝統的な知恵に疑いを持っている。それは確かなことだと思われる。古い知恵の秩序をコヘレトは片っ端から破壊しているかに見える。それでは、コヘレトは知恵そのものを否定しているのであろうか。それについては、慎重に考えなければならない。彼が伝統的な知恵の思想を継承しているところが見出されるからである。それは、「時」についてコヘレトが思索するところだ。

特に三章一節から一七節をお読みいただきたい。一節から一七節を段落とするのは、一節と一七節に同じ表現があって、それが全体の枠組みになり囲い込みの構造を示すからである。[4] 細かいことは省略するが、この段落で重要なことが二つある。まず、コヘレトにとって「時」は神が決定し、神が支配するものだということである。「天の下の出来事にはすべて定められた時がある」（一節）という表現だけでもわかる。神がすべての時を造り、決定しておられる。つまり、時は神による秘義だということだ。ところが、他方で、人間はその「時」を知り尽くすことができない、とコヘレトは言う。一節に「それでもなお、神のなさる業を始めから終りまで見極めることは許されていない」と記され、また、一四節には「付け加えることも除くことも許されない」と書かれている。人間は神の定めた時を見極めることができない。つまり、人間には「時」を認識する力がないということである。

これはどういうことであろうか。コヘレトは一方で「時」は神が決定したものだと言い、他方で「時」を人間は認識できない、と言うのである。[5] これは大変興味深い。コヘレトは「時」について積極的に語りながら、「時」の認識を不可能だと見る。要するに、コヘレトにとって「時」はあくまで神の秘義なのであって、それを人間は見極められず、その神の秘義の前で人間は畏れおののくしかないとコヘレトは見ているわけである。

なぜ、コヘレトはこのような奇妙な理屈を語るのであろうか。実は、これが知恵の伝統なのである。たとえば、ヨブ記二八章を見てみよう。ヨブ記二八章はヨブ記の前半部分と後半部分を繋ぐ間奏曲と言ってよい重要な個所である。[6]そこに知恵の賛美が記されている。まず、知恵があらゆる宝石にまさる高価なものであることが謳われる。神がその知恵を創られた。それがどういう知恵であるかというと、二六節に「雨にはその降る時を定め」とあるから、「時」が神の知恵の一つとして賛美されていることがわかる。時は神の秘義である。それでは、そういう知恵を人間はどう認識できるだろうか。一三節に「人間はそれが備えられた場を知らない。それは命あるものの地には見いだされない」と書かれている。人間にはわからない。つまり不可知論である。二一節もそうである。「すべて命あるものの目にそれは隠されている」。明らかに、このヨブ記二八章は、一方で時という神の創造の秘義が存在することを語り、他方で人間がそれを認識できない限界をも語るのである。[7]これはコヘレト三章とまったく同じ論理ではないだろうか。

そのように見ていくと、コヘレトと乖離している箴言の中にも、果たして同じメッセージを見出すことができるのである。たとえば、二一章三〇―三一節。「どのような知恵も、どのような英知も、勧めも／主の御前には無に等しい。戦いの日のために馬が備えられるが／救いは主による」。人間の知恵は神の前では無力だというのである。最終的な決定は神に委ねられる。つまり、箴言によれば人間の知恵には限界があるのであって、その自らの限界において逆説的に人間は神を認識するのである。[8]このように旧約の知恵の伝統では、神の秘義は人間に隠される。[9]これはヨブ記の思想を導き出す知恵の根本的立場でもある。

こういう知恵の伝統的思想がコヘレトにもはっきり認定されるのである。コヘレトは、すでに九章一一―一二節でわれわれが見たように、伝統的知恵がもともと有する知恵の限界性という認識をラディカルに引き出す。箴言に見られ、ヨブ記に見られる伝統的な思想がコヘレトにも受け継がれているのである。それはコヘレトの思想を理解する場合に極めて重要な点だと言うことができる。コヘレトは伝統的な知恵とは異質であると見えながら、実は、伝統的な知恵を継承している。旧約の知恵の系譜にあるのである。

4　知恵の世界観

コヘレトは、神が時を決定したけれども、人間にはそれを認識できないと語る。これはすでにわれわれが確認したとおりである。結果的に、人間は時を認識できないわけだから、コヘレトの場合には、決定論が成り立たない[10]。決定論とは、物事がすべて神によって決定づけられ、終わりの時も決定しているということである[11]。コヘレトにはそういう決定論がない。つまり、非決定論である。多少思弁的な議論になるけれども、これはコヘレト一一章一―六節を見るとよくわかる[12]。

あなたのパンを水に浮かべて流すがよい。
月日がたってから、それを見いだすだろう。
七人と、八人とすら、分かち合っておけ

国にどのような災いが起こるか
　分かったものではない。……
妊婦の胎内で霊や骨組がどの様になるのかも分からないのに、すべてのことを成し遂げられる
神の業が分かるわけはない。
朝、種を蒔け、夜にも手を休めるな。
実を結ぶのはあれかこれか
それとも両方なのか、分からないのだから。

ここには、「国にどのような災いが起こるかわからない」とか、「胎児の骨組がどうなるかわからない」とか、「実を結ぶ種がどれかわからない」という懐疑的な理由づけが目につく。要するに、災いは決定していないし、胎児の骨組も決定していないし、実を結ぶ種も決定していないということだ。物事は決定していない。将来はどうなるかわからないということである。コヘレトにはそういう非決定論がある。

ところが、ここに実に興味深い注目すべき点がある。コヘレトは、災いがいつ起こるかわからないから諦めろ、とは言わない。実を結ぶ種はどれかわからないから仕事をしたって無駄だ、とは言わないのである。むしろ、その逆だ。災いがいつ起きるかわからないから、「七人と、八人とすら、分かち合っておけ」。実を結ぶのはどれかわからないから、「朝、種を蒔け、夜にも手を休めるな」と命じ

るのである。将来のことは何も決定していないのだから、自分で知恵と力を尽くして、とことんまで努力せよ、ということである。これはコヘレトの思想を理解する場合に非常に重要な点である。将来どうなるかはわからないから諦めるのではなく、将来どうなるかはわからないからすべての責任は自分にある、という論理なのである。[13] 非決定論が逆に、人間に対し全責任を与えるわけだ。コヘレトにおいて、非決定論が人間の責任の根拠となるのである。これはコヘレトの思想の特徴である。

けれども、こういうコヘレトの思想も、実は、コヘレト独自の思想ではなくて、伝統的な知恵の系譜にある。なぜならば、非決定論こそが知恵本来の論理だからである。[14] 非決定論的な世界観とは、物事はまだ決定していない、だから将来のことは何も決定していない、と認識する世界観である。知恵の世界はまさしくそういう世界だ。将来のことは何も決定していないから、人間には自由があり、また、自由があるからこそ、その自由を行使する人間にすべての責任がある。人間は経験から得た知識や知恵を尽くして自ら応答しなければならない。地上において与えられた責任を果たす(verantworten)ことによって神に応答する(beantworten)。[15] そこで、どう生きるかということが決定的に重要となる。それに答えを与える(antworten)のが知恵の言葉なのである。

知恵的な世界観を端的に表現する言葉がある。それは創世記八章二二節だ。[16]「地の続くかぎり、種蒔きも刈り入れも／寒さも暑さも、夏も冬も／昼も夜も、やむことはない」。これは、主なる神がノアの大洪水の後に宣言した言葉である。ここには、時の終わりということがない。すべては永遠に繰り返されるだけで、歴史に終局はない。しかも、神はそこに介入しない。注目すべきことに、これはコヘレト一章三―一一節と内容的に同じである。「一代過ぎればまた一代が起こり／永遠に耐えるのは大地。日は昇り、日は沈み／あえぎ戻り、また昇る。……川はみな海に注ぐが海は満ちることなく／どの川も、繰り返しその道程を流れる」。世界は終わりなく続いていく。そういう世界で生きる人間は、そういう世界で生きているからこそ、すべてのことにおいて徹頭徹尾自らの責任が問われ、倫理が求められる。これが旧約の知恵の世界だと言える。

5　コヘレトの非終末論

コヘレトの非決定論の世界は終わりがなく、循環し、果てしなく続いていく世界である。昨日があり、今日があり、明日も来る。ひたすら繰り返す世界である。ただ一つ、終わりがある。それは人間の死という終わりである。「すべては塵から成った。すべては塵に返る」（三・二〇）。けれども、それは個人的な終わりであって、世界は変わらずに続いていく。定まった歴史の終局に向かっていくという終末論ではないのである。そして、これが知恵の世界でもあるのだ。将来は何も決定していないので、徹頭徹尾、人間の責任が問われるのである。

こういう知恵の世界観と対照的なのが「終末論」である。預言者や黙示思想に見られる思想である[17]。定まった終わりの時がある。そこに向かって、時が流れていく。その中で生きる人間は、終わりを待つしかない。メシア信仰もそうである。終末にこそ望みがあり、その終末から現在が意味づけられる。

このような終末論は、まさしく決定論に基づいた思想である。終末論的な世界観と相容れないのが知恵の世界であり、またコヘレトの世界である。そこには、彼岸的救済を認定せず、徹頭徹尾、此岸的に思考する世界観がある。コヘレトいわく、「神は天にいまし、あなたは地上にいる」（五・一）。

われわれキリスト者にとって、このようなコヘレトの世界観は魅力がないかもしれない。というのも、われわれは終末論的な信仰に確固とした基盤があるからだ。けれども、旧約聖書には終末論的な思想とともに、非終末論的な思想が位置を有していることも確かである。いや、それどころか、旧約全体として見るならば、むしろ非終末論的な思想の方が圧倒的に目立つと言ってよい(18)。少なくとも、「コヘレトの言葉」は伝統的知恵の系譜にあって、非終末論的な思想を継承しているのである。

それならば、「コヘレトの言葉」の非終末論はわれわれキリスト者にとってどのような意味があるのだろうか。それはわれわれには価値のないものなのだろうか。いや、決してそうではない。そこで、注目したいのは新約聖書のマタイによる福音書二四章四五節以下である。「忠実な僕と悪い僕」の譬えがそこに記されている。義なる僕と悪しき僕が対比されているのだから、これは旧約の知恵の伝承に基づいた譬えである。この譬えは間違いなく終末論的な文脈の中にある。それは二四章全体が終末について予告したテクストだからだ。けれども、この譬えの中で決定的に重要なメッセージは何か。それは、主人が帰って来るまで僕は僕としての務めを忠実に果たせ、ということである。主人はいつ帰って来るかわからない。つまり「時」は定まっているが、僕はそれを認識できないということだ。それならば、主人がいつ来るかわからないから僕は何をしても許されるのだろうか。いや、決してそうではない。むしろ、僕はすべての責任を問われるのである。家を管理する全責任は僕にある。僕は知恵と力の限りを尽くして、僕としての責任を果たさなければならないのである。

この譬えは終末論的な文脈にあるが、問題となっている事柄はコヘレト一一章にあるメッセージとまったく同じである。徹頭徹尾、僕は自らの責任を問われるのである。終わりの時がいつ来るかわからないからこそ、今をどう生きるかが決定的に重要となる。今が徹底的に問われるのである。われわれはこの福音書の譬えの中に「コヘレトの言葉」のメッセージを見出すことができる。宗教改革者マルティン・ルターはこういうことを語ったと言われる。「たとえ明日、世の終わりが来ようと、今日、私はリンゴの木を植える」。明日はどうなるかわからない。ひょっとして、世の終わりが来るかもしれない。けれども、今日リンゴの木を植えるという責任を人は果たさなければならない。今日という日を自ら引き受け、報いを期待せずに、それを精一杯生きる責任がわれわれにはある。それと同じメッセージを「コヘレトの言葉」も語っているのである。

6 結びとして

「コヘレトの言葉」は知恵の系譜にある。それは非終末論の世界であり、また此岸的な世界観である。ここから導き出される此岸的倫理は、D・ボンヘッファーの最晩年の思索、「成人した世界」の神学を説明する。[19] ボンヘッファーの晩年の思索は旧約聖書の再読から生み出された。[20] 彼が黙示的終末論を非聖書的だと認識し、またＫ・バルトの神学を啓示積極主義として否定的に評価したことはよく知られている。[21]そのようにボンヘッファーが彼岸への逃避を拒絶し、徹底して此岸的な責任倫理を展開したのは、旧約聖書の知恵的世界観に基づく結論であった。彼の独特な思索は極めて現代的な神学的課題を提起している。その意味において、「コヘレトの言葉」が旧約の知恵の系譜に属するということは、われわれにとって重要な意義を有する。ボンヘッファーが提起した「成人した世界」の原理は旧約の知恵的世界観の中にあり、実際またそこから演繹されたものである。

注

（1）ミシュナ（ヤダイム三・五）がその経緯を伝承している。Ｊ・ボウカー（土岐正策／土岐健治訳）『イエスとパリサイ派』教文館、一九七七年、二一〇―二一一頁参照。ミシュナによれば、雅歌とコヘレトの言葉の正典認定について最後まで疑義があった。紀元一世紀にヒレル派とシャンマイ派の間でコヘレトの言葉の評価をめぐって激しい論争があり、前者はその聖性を認め、後者は認めなかった。ヤムニア会議以降もラビ・アキバ（一三五年没）によってコヘレトの言葉については疑義が提出された。これについては、Ｈ・リングレン／Ｗ・ツィメリー（有働泰博他訳）『箴言・伝道の書』（ＡＴＤ旧約聖書註解）ＡＴＤ・ＮＴＤ聖書註解刊行会、一九九一年、二七九―二八〇頁参照。Vgl. D. Michel, Qohelet, Darmstadt, 1988, S. 118.

（2）このような「行為と結果の連関」は伝統的知恵において広く認知される。Ｇ・フォン・ラート（勝村弘也訳）『イスラエルの知恵』日本キリスト教団出版局、一九八八年、一九二―二一二頁参照。

（3）これは「行為と結果の連関の崩壊」と見なされる。コヘレトに見られるこの事実については、たとえば、Ｆ・クリューゼマン（柏井宣夫訳）「変革不能な世界――伝道者（コーヘレス）における『知恵の危機』に関する考察」Ｗ・ショットロフ／Ｗ・シュテーゲマン『いと小さき者の神――社会史的聖書解釈　旧約編』新教出版社、一九八一年、一二四―一三二頁を参照せよ。Vgl. H. Gese, Die Krisis der Weisheit bei Koheleth, in: Vom Sinai zum Zion, München, 1964, SS. 168-179.

（4）拙論「コヘレトの思想的戦略――コヘレト三章一―一七節」大野恵正他編『果てなき探究――旧約聖書の深みへ』教文館、二〇〇二年、二三二―二四八頁（特に二三八頁）を見よ。

（5）前掲論文、二三九―二四一頁。

（6）並木浩一氏はヨブ記二八章の重要性を指摘し、特に一―一九節をヨブ自身の手によるものと見る。氏によれば、二八章はヨブ記の前半部分と後半部分を繋ぐ連結点となる。これは重要な指摘である。三八章以下で神は自らを啓示するが、注目すべきことに、ヨブの切実な問いには何らの答えも与えられない。神の秘義はヨブには認識できず、依然として隠されたままである。二八章の詩文の主題はそのことを先取りして結論的に記述しているのである。並木浩一「文学としてのヨブ記」『旧約聖書における文化と人間』教文館、一九九九年、三〇一―三〇七頁を見よ。

（7）前掲論文「コヘレトの思想的戦略」、二四一頁参照。

（8）左近淑（大住雄一編）『旧約聖書緒論講義』（『左近淑著作集』第三巻）教文館、一九九五年、三七五頁。

（9）実際、箴言二五章二節には「ことを隠すのは神の誉れ」と記される。知恵において神の秘義が秘匿される点については、拙論「黙示、預言、知恵――決定論をめぐって」小友聡他編『テレビンの木陰で――旧約聖書の研究と実践』教文館、二〇〇三年、二一九―二二〇頁を見よ。

（10）前掲論文、二一八―二二〇頁参照。
（11）Vgl. W. B. Drees, Determinismus/Indeterminismus, in: RGG, 4. Aufl., Bd. 2, 1999, SS. 677-680.
（12）拙論「最悪のシナリオを想定して――コヘレト一一章一―六節をめぐる考察」『神学』六四号、二〇〇二年、七五―九一頁を参照。
（13）前掲論文、八六頁。
（14）G・フォン・ラートによれば知恵と黙示は共に決定論的な思考をしている。それによって、彼は黙示の起源を知恵に見出した。G・フォン・ラート（荒井章三訳）『旧約聖書神学Ⅱ――イスラエルの預言者的伝承の神学』日本キリスト教団出版局、一九八二年、四一〇―四二六頁参照。けれども、知恵の思想的立脚点はその限界認識（知恵の限界）にある。その限りにおいて、知恵は非決定論的な思考である。これについては、前掲論文「黙示、預言、知恵」、二一九―二二〇頁を参照。
（15）V・Eフランクル（佐野利勝／木村敏訳）『識られざる神』（フランクル著作集７）みすず書房、一九六二年、一一―一二頁参照。ボンヘッファーにも同様な記述が見られる。D・ボンヘッファー（森野善右衛門訳）『現代キリスト教倫理』新教出版社、一九七八年、二五一―二五二頁。
（16）この個所は通常、ヤハウィストに属するとされるが、明らかに非終末論的な歴史観を示す。G・フォン・ラート、前掲書、一四二―一四三頁参照。
（17）前掲論文「黙示、預言、知恵」、二一六―二一八頁。預言者の終末論と黙示思想の終末論は厳密には区別される。これについては、G・フォン・ラート、前掲書、四一五―四一八頁参照。フォン・ラートは、厳密な意味での終末論を預言者には認定しない。
（18）Vgl. S. Talmon, Eschatologie und Geschichte im biblischen Judentum, in: R. Schnackenburg (Hrsg.), Zukunft: zur Eschatologie bei Juden und Christen, Düsseldorf, 1980, SS. 13-50. タルモンは厳

密な意味において旧約聖書には終末概念が存在しないと見る。

(19) E・ベートゲ編(村上伸訳)『ボンヘッファー獄中書簡集――「抵抗と信徒」増補新版』新教出版社、一九八八年、三七八頁。

(20) これは一九四三年一二月五日付のボンヘッファーの書簡から確認できる。「僕は、自分がどれほど旧約聖書的に考えたり感じたりしているかということに気づくことが、いっそう多くなった」(前掲書、一八一頁)。この記述の直後に、さらにこう記される。「あまりに性急に、そしてあまりに直接的に新約聖書的であろうとし、またそのように感じようとする者は、僕の考えではキリスト者ではない」(一八一頁)。ボンヘッファーは獄中で旧約聖書を二回半読み、多くを学んだ(一四九頁参照)。その際、彼の関心はもっぱら、箴言、コヘレトの言葉、雅歌など知恵文学であったと思われる(四五四―四五六頁参照)。実際、コヘレト三章の「時」の解釈について彼は深い洞察を記している(一九六頁参照)。ボンヘッファーの晩年の神学的到達点が旧約聖書を基盤にしている事実については、E・ファイル(日本ボンヘッファー研究会訳)『ボンヘッファーの神学――解釈学・キリスト論・この世理解』新教出版社、二〇〇一年、二五六頁を見よ。

(21) 『ボンヘッファー獄中書簡集』、三二二頁、四一三頁(ただしこれはベートゲからの書簡)。ボンヘッファーは黙示思想の彼岸的歴史観を否定的に見ている。これについては、E・ファイル、前掲書、二七七頁参照。

第三章　旧約聖書における「時」――コヘレトの「時」をめぐって

「キリスト教と時」というテーマを掲げる特集において、「旧約聖書における時」をめぐって論じることが求められている。旧約聖書の「時」というと、まずわれわれに思い浮かぶのはコヘレトの言葉の有名な一節ではないだろうか。「すべてのわざには時がある」（三・一、口語訳）。人口に膾炙されているこの珠玉の言葉は深甚な意味を湛えている。このコヘレトが語る「時」は、神が定めたカイロスがあるということをほのめかしている。これについて、本誌二月号で政治学者の姜尚中氏が小中陽太郎氏との座談会においてご自身の受洗体験を印象深く述べている。一九八〇年代に指紋押捺拒否を決意した姜氏は「すべてのわざには時がある」と言う牧師の言葉に導かれ、受洗の決意をした。このコヘレトの言葉を姜氏は座右の銘だと語っておられる。受洗は姜氏にとってまさに人生のカイロスであったということであろう。同じような経験を有する人はきっといるに違いない。この旧約のコヘレトの言葉は「時」をめぐる思索へとわれわれを誘う。旧約では「時」とはいかなるものだろうか。

1　旧約聖書の「時」について

旧約の時について考える場合、まず参考になるのはT・ボーマンの『ヘブライ人とギリシャ人の思惟』という古典的名著である。この書物の中で、ボーマンはヘブライ人の時間概念は直線的なものではないと述べる。旧約の時間概念が直線的ではない、とは意外な結論ではないだろうか。これについて、まず直線性と円環性という時間論の違いを説明しておこう。ギリシャの時間概念は永遠に循環し回帰する特徴を有する。一般的にはキリスト教の時間概念は、このギリシャの円環的性質に対して直線的だと言われる。つまり、初めがあって終わりがある、という時間概念である。そもそも循環的な時間論からは進歩や発展は生まれない。ギリシャ的歴史観には進歩も発展もないということになる。キリスト教の歴史観は創造から終末に至る聖書の不可逆的な直線的時間論に由来し、ギリシャ的な循環的歴史観をひっくり返して、進歩史観を作り出したとされる。そのようなキリスト教的な直線的歴史観は旧約にも新約にも一貫して見られる、と説明されることが多い。このことはO・クルマンの名著『キリストと時』においても指摘されている。

けれども、ヘブライ的概念では必ずしもそうだとは言えない。ボーマンも指摘するとおり、絶対的な始まりと終わりを意味する概念はヘブライズムにはなく、ギリシャ語のクロノス（量的時間）とカイロス（質的時間）で区別できるようなヘブライ語の用語もない。始原から終末に向かって時間が直線的に進む、という考え方を旧約はしないのである。創世記が天地創造から始まり、最後のマラキ書で終末到来が決定的に予告されるではないか、と言う人もあろう。けれども、このような救済史的な文書配列は七十人訳聖書以降、教会の伝統に拠るのであって、ヘブライ語聖書は本来そのような配列ではない。創世記八章二二節にそのことを端的に示す言葉がある。「地の続くかぎり、種蒔きも刈り入れも／寒さも暑さも、夏も冬も／昼も夜も、やむことはない」。これはノアの大洪水の直後にヤハウェが心のうちに語った言葉である。自然にはリズムがあって、それは終わりに向かう直線的な運動としては考えられていないのだ。この記述の由来と成立をめぐって議論はあるが、旧約聖書において少なくとも黙示思想が現れる以前には、終末に向かう不可逆的・直線的な歴史認識はなかったと言わざるを得ないのである。神はしばしば悔いることとすらある（創六・七）。

2　コヘレトの「時」について

このような旧約の時間的特質において、コヘレトが語る「時」は極めて興味深いものがある。

何事にも時があり
天の下の出来事にはすべて定められた時がある。
生まれる時、死ぬ時

植える時、植えたものを抜く時
殺す時、癒す時
破壊する時、建てる時
泣く時、笑う時
嘆く時、踊る時
石を放つ時、石を集める時
抱擁の時、抱擁を遠ざける時
求める時、失う時
保つ時、放つ時
裂く時、縫う時
黙する時、語る時
愛する時、憎む時
戦いの時、平和の時。（三・一―八）

旧約の名言「何事にも時がある」はここに由来する。コヘレトにとっての「時」は「生まれる時」であり「死ぬ時」である。また、「求める時」であり「失う時」である。人生の決定的な時についてコヘレトは対照的な表現を一四回も繰り返し、リズミカルに語る。ここには人生の「時」がつぶさに表現されている。戦争をほのめかす言葉が多用されることは、コヘレトの人生の危機意識が滲み出ていると言えるかもしれない。人生にはどんなに求めても、どんなにあがいても手中にできない時があり、またどんなに避けようとしても、避けられない時がある。何事にも時がある、とは人生をつぶさに体験したコヘレトの結論である。けれども、コヘレトが人生の「時」について決定的に重要なことを語っているのはここではない。コヘレトはさらにこう語るからだ。

神はすべてを時宜にかなうように造り、また、永遠を思う心を人に与えられる。それでもなお、神のなさる業を初めから終りまで見極めることは許されていない。（三・一一）

これは、「時」というものが人間には「見極めることは許されていない」というコヘレトの見解である。何事にも神は時を定めておられるが、その「時」は人間には摑み難い秘義だということをコヘレトは言おうとしている。注目したいのは、「神は……永遠を思う心を人に与えられる」と書かれていることである。「永遠を思う心」と訳されているのはオーラームというヘブライ語である。けれども、このオーラームはいわゆる「永遠」ではない。つまり、時を超えた永遠性や彼岸性を意味しないのである。ヘブライ語のオーラームは人間には捉えられない時間の広がりを意味している。それはしばしば過去を指すこともあれば、将来を指すこともある。決して永遠性ではないのである。むしろ、このオーラームは一五節との対応関係から説明すれば、「追いやられたもの＝過ぎ去ったもの」を指している。そうだとすると、神は「時」を定めておられ、また神は過去を人に与えるということになる。

それはいったいどういうことだろうか。「すべてに時がある」というとおり、神が定めた時《カイロス》はあるけれども、人間はそのカイロスをとうてい知ることはできないということだ。それは、カイロスはあらかじめ知ることはできず、過ぎ去ってから、ようやくそれに気づかされるという意味である。人は誰でも、あの時がカイロスだった、とあとになって初めて気がつく。どんなに力を尽くしても人はその「時」を見極めることはできないのである。たとえば、ヨセフ物語のヨセフは夢を解する卓越した知者であったが、自分のカイロスをあらかじめ知ることはできなかった。ヨセフは神の計画を悟るどころか、兄たちの嫉妬心すら見抜けなかった。彼は散々人生の苦労を嘗め尽くした挙句に、ようやく神の「時」に気づかされたのである。「わたしをここへ遣わしたのは、あなたたちではなく、神です。神がわたしをファラオの顧問、宮廷全体の主、エジプト全国を治める者としてくださったのです」（創四五・八）。人間はまるでカイロスのあとを追いかけるようにして生きていく。どんなに「時」を摑もうとしても、決して「時」を摑むことはできないのである。この「時」の秘義性は、オーラームというヘブライ語が語根アーラムに由来することからも説明が可能である。アーラムは「覆い隠す」という意味であって、それはまさしく時の秘義性をほのめかすからである。コヘレトにおいて、時は秘義である。

3　「時」は知られてはならない

コヘレトの「時」とはそのように、神の決定と人間の不可知がアンビバレントに結びつく。これは旧約の知恵文学に見られる真理である。たとえば、ヨブ記二八章の知恵の賛歌に見られる。「では、知恵はどこから来るのか／分別はどこにあるのか。すべて命あるものの目にそれは隠されている。……その道を知っているのは神。神こそ、その場所を知っておられる。……雨にはその降る時を定め／稲妻にはその道を備えられる」（二〇―二六節）。神が定めた時はあるが、人間の知恵はそれを知ることができず、人間の目には隠されているのである。時の不可知性がはっきりと謳われる。箴言でもそうである。「戦いの日のために馬が備えられるが／救いは主による」（二一・三一）。これは「戦いの日」において、やはり神の決定と人間の不可知が結びついている。

このような時の不可知性は旧約において本質的なものである。「時」は神が決定するが、その「時」は人間にはわからないのである。その不可知性において、「時」は人間にとって秘義であり続ける。これについて興味深いのは、イザヤ書とヨナ書である。イザヤ書三八章で、ヒゼキヤは神に死を宣告され深く罪を悔いたが、それによって神はヒゼキヤの死を一五年先延ばしにした（王下二〇章参照）。ヒゼキヤに対する神の決定は予想に反し時間的にずれるのである。また、ヨナ書では、ニネベに対する神の滅亡予告を受け、ヨナが警告を与えたことで、神はニネベの滅亡を翻す。ヨナはその神の唐突な計画変更を許せず、強く抗議した。この二つの預言書において、神の決定について人間が不可知だということは明らかである。神の決定は定まってはいないのだ。それを心得る預言者は過去の規範を将来に投影して預言する。とりわけ第二イザヤがそうであって、出エジプトという過去の決定的な救済規範が預言者の将来予告を規定している（イザ四三章参照）。

もし、「時」があらかじめ知りうるものであるとすれば、人間世界の秩序は瓦解してしまう。「時」をすべて知りうるならば、人間の自由は失われ、人が歴史に対して責任を果たすことは意味を喪失する。結果が最初からわかっているならば、誰だって一所懸命努力しようとは思わない。神は変わりうるゆえに人は祈る（J・エレミアス）。それゆえに、旧約では「時」は知られてはならない秘義として、隠されるのである。コヘレトはなるほど「すべて定められた時がある」と言う。けれども、人には時を見極めることはできない、とはっきり限界を指摘するのである。これがコヘレトの「時」において決定的に重要な点である。

4　黙示思想における「時」

けれども、人間における時の不可知性はやがて黙示思想によって突破される。それはダニエル書に典型的にみられる。知者ダニエルは終わりの時がいつ来るかを知る。その終わりが間近に迫っていることをダニエルは強く意識している。天使が終末の到来をダニエルに知らせる。「見よ、この怒りの時の終わりに何が起こるかをお前に示そう。定められた時には終わりがある」（ダニ八・一九）。

注目すべきことに、ダニエル書にはさまざまな年数計算が記される。ダニエルは「終わりの時」がいつ来るかを算定できるのである。九章ではエレミヤの預言の言葉が再解釈され、終末到来が算出される。あと一二九〇日、一三三五日、という謎めいた日数が示され、終末到来が必死になって渇望される（一二章）。それまで旧約では秘義とされ、「見極めることは許されていない」と隠されてきた時の秘密が、明らかにされるのである。「神は秘密を明らかにし、将来起こるべきことを知らせようとなさったのです」（二・二八、私訳）。黙示思想の特徴がここに見られる。ダニエル書には決定論が存在する。旧約において「時」は人間の知り得ぬ秘義であったが、ダニエル書の黙示において知りうるものとなった。この黙示の時間概念は、まさしく直線的で、不可逆的である。これは強烈な終末論によって縁取られている。クルマンがユダヤ・キリスト教の時間概念を直線的だと呼ぶとき、そのユダヤ教的時間概念はこの黙示思想の時間論を指している。新約に見られる差し迫った終末認識はこの延長線上にある。

けれども、このような時間認識は旧約の最終段階において到達したものである。そもそも旧約に絶対的な「初め」と「終わり」があるのか、という問いに対しては、そのような認識は基本的に旧約にはなかった、と答えることが十分に可能なのである（R・ブルトマン『歴史と終末論』）。隠されたものが顕わとなる黙示概念の出現において、旧約の時はもはや謎ではなくなってしまう。しかし、時は神によって定められたにもかかわらず、その時の認識を不可知とするところに旧約宗教の本質が、いや、聖書の本質があると言わなければならない。「その日、その時は、だれも知らない。天使たちも子も知らない。ただ、父だけがご存じである」（マタ二四・三六）。

もし、時があらかじめ認識できるならば、人間は歴史に責任を負わなくなるだろう。「すべてのわざには時がある」けれども、その「時」を摑めないゆえに人間は歴史を担っていくのである。時は過ぎ去ってからわかる。だからこそ、今というこの時を無駄にしてはならないのだ。「２０１１・３・11」も然りである。あの大災害が来るとは誰も思わなかった。もし、時がただ神の定めどおりに終末へと直進して行くだけなら、人は歴史の傍観者となって悲観して天を仰ぐほかない。けれども、時が不可知であるゆえに、人はこの歴史を担って行く。これは逆説的真理である。すべてに時はあるが、時は人間には摑めないのである。コヘレトの言葉には真理がある。

時が不可知だということは、人を不安にし、無力感とペシミズムをもたらすかもしれない。けれども、時はいつでも限られている。コヘレトにおいて、人生はあとわずかという認識がある。生きられる時間は短いのである。その限界認識において、残る時間をどう生きるかが決定的に重要になる。コヘレトはそのように、歴史的終末ではなく、死という個人的終末において、時をどう生きるかを考える。コ終わりをどう生きるかを徹底して考える。時は短ければ短いほど、それは掛け替えのない時間となる。そのとき、「時」はいっときも無駄にできない神の賜物となる。「あなたの若い日に、あなたの造り主を覚えよ」（一二・一、口語訳）とはそういう意味である。コヘレトの「すべてのわざには時がある」はそのように、時の秘義の前でひれ伏しつつ、なお時を懸命に生きることへとわれわれを誘う言葉である。

第四章　秘密は隠される——旧約知恵文学の思想的本質(1)

1　はじめに

旧約聖書の知恵文学の本質とは何だろうか。この問題についてじっくり考えようと思う。「知恵文学の本質」というと、神学大学の講義と同じで、ひどく難解な内容ではないか、と最初から敬遠されそうである。けれども、難しい話をするつもりはない。知恵文学の思考は、現代に生きるわれわれに関係するものを含んでいる。そこで、ぜひ多くの方々に旧約聖書の面白さを知ってもらいたいと思っている。ただし、ここでは旧約聖書を多少でも読んだことがあって、ある程度旧約聖書を知っていることを前提にする。まったく旧約聖書を読んだことがない人には少々難しくなるかもしれないが、旧約聖書の思想世界に触れる何かしらの機会になれば幸いである。

2　知恵の世界

旧約聖書の知恵文学というと、基本的には箴言、ヨブ記、コヘレトの言葉を指す。この知恵文学に共通した思想について考察するのがわれわれの課題である。この共通した思想は、これから考察するように、実は知恵文学だけではなく、旧約聖書全体を規定するものである。それによって旧約聖書はどういう書物なのかということを知る手掛かりが得られるのではないだろうか。

知恵文学の本質について、まず最初に考えるべき大事なことは、「知恵」とは何かということである。旧約聖書で「知恵」（ホクマー）とは、世界の秩序に関係する。[2] この世界がどういう秩序や法則を有しているか、それを探究し説明することが知恵の目的である。[3] これは言い換えると、真理を探究する今日の学問一般と置き換えてもよい。自然科学も人文科学や社会科学も、あらゆる学問は世界の秩序や法則を説明しようとする。旧約聖書の知恵もそれと同じである。もちろん、そこでは古代の世界観が背景にあるから、自然世界で起こる事柄と人間社会で起こる事柄が区別されず、重なり合っている。この世界において確かな疑い得ない真理とは何か、それを探究し知ることが「知恵」（ホクマー）である。たとえば、箴言にはこういう知恵の言葉がある。

主を畏れれば長寿を得る。

主に逆らう者の人生は短い。（一〇・二七）

これは箴言の典型的な格言である。主を畏れることと主に逆らうことが二行詩で対比され、しかも主を畏れる者は長寿、逆らう者は短命という報いが認定される。原因には必ずそれに見合った合理的な結果が伴うのであって、正義からは幸福が結果し、また悪からは不幸が結果する。ここには確固とした世界秩序があり、法則がある。これが箴言の「知恵」が発見した世界の秩序であり、真理だということである。

ところが、知恵文学の中でもヨブ記やコヘレトの言葉では、その知恵がうまく機能しない。ヨブ記の場合は、義人ヨブが耐え難い災いに遭う。箴言の場合ならば、義人は必ず幸いになるはずである。けれども、義人のヨブに幸いが来ない。なぜそうなるのか、その理由はヨブには明らかにはされない。そのためにヨブは苦悩する。友人たちはヨブが罪を犯したから災いが降ったのだと合理的に考えた。その背景にはいわゆるイスラエルの応報思想がある。そこで、ヨブと友人たちとの間で大論争が始まるわけである。最後に神が現れヨブに語るが、なぜ義人ヨブが災いに遭うかについて、最後まで答えは与えられない。だから、箴言で発見された知恵の法則がヨブ記では成り立たず、それによって新たな知恵の法則が懸命に探し求められている。ヨブ記はそういう知恵文書だということができる。コヘレトの言葉も基本的にはヨブ記と同じである。たとえば、九章一一―一二節である。

太陽の下、再びわたしは見た。
足の速い者が競走に、強い者が戦いに
　必ずしも勝つとは言えない。
知恵があるといってパンにありつくのでも
聡明だからといって富を得るのでも
知識があるといって好意をもたれるのでもない。
時と機会はだれにも臨むが
人間がその時を知らないだけだ。
魚が運悪く網にかかったり
鳥が罠にかかったりするように
人間も突然不運に見舞われ、罠にかかる。

解説するまでもなく、コヘレトの場合はヨブ記よりももっと深刻で、もはや箴言のような伝統的な知恵では世界の有りようをまったく説明できない。不確実性が支配している。そこでコヘレトは右往左往しながら、新たな知恵を模索するわけである。

このように、箴言とヨブ記、コヘレトの言葉では「知恵」の内容がずいぶん異なっている。箴言の知恵は楽観的であるが、ヨブ記、コヘレトの言葉は悲観的というか、ねじれている。知恵のパラダイムが変化するのである。けれども、「知恵」が世界の秩序や法則を探究し説明しようとするものであって、その知恵をテーマとしているという点では一貫したものがある。箴言のみならず、ヨブ記、コヘレトの言葉もやはり「知恵」文学として捉えられるのである。

3　知恵の限界認識

それならば、旧約聖書で「知恵」は世界のすべてを明らかにできるであろうか。人間の知恵は万能であって、神の意志をも知りうるものだろうか。それに対しては否と言わなければならない。実は、旧約の知恵文学では、「知恵」の有効性について最初からある限界線が引かれているのである。ここまでは知ってもよい、しかしここから先は知ることはできないし、また知ってはならない。そういう知恵の制限、限界ということが言われているということである。知恵は一方で世界の秩序や法則を探求し、それを認識する目的を有するけれども、他方で知恵には制限が設けられているのである。これは矛盾のようだが、旧約の知恵を理解するためには重要な点である。つまり「知恵」は現代の科学や哲学とは決してイコールではない、ということである。(4) 現代世界において自然科学はすべてを説明し尽くそうとする。自然科学では神は人間の仮想理念であって、心理学や精神医学の領域でそれを説明してしまう。哲学もそうで、神という仮想理念に頼らずに世界をとことんまで説明しようとする。限界がない。そこでは宗教はまるで価値を失う。宗教を必要としないのである。けれども、旧約聖書の世界ではそうは考えない。その違いを一言で言うと、旧約において「知恵」はあくまで人間の営みであって、神の支配する領域には立ち入ることができないということである。

このことを箴言では「主を畏れることは知恵の初め」（一・七）という特徴的な言葉で表現する。これは箴言では最も重要な格言である。この格言の意味は、神を畏れること（＝神を信じ敬うこと）が「知恵」という人間の営みの基盤だということである。箴言は、ただ単に世俗的な知恵を集めた格言の書ではない。この世で成功するための処世術を説いた書にすぎないかに思えるが、決してそうはない。よく読んでみると、人間の知恵の限界というものを箴言は見抜いている。その点で、箴言は古代オリエントの知恵文学を無批判に輸入した世俗文書ではないのである。(5) たとえば、「人間の心は自分の道を計画する。主が一歩一歩を備えてくださる」（一六・九）。「どのような知恵も、どのような英知も、勧めも／主の御前には無に等しい。戦いの日のために馬が備えられるが／救いは主による」（二一・三〇―三一）。

こういう言葉は箴言には少なくない。人間は知恵を尽くしてことをなすけれども、神の計画はそれを凌駕する。つまり、人間の知恵は神によって決定的に制限されるのである。(6) 言い換えると、その限界性をきちんと認識することが「知恵」なのだということである。それゆえに、箴言の知恵においては世俗性と宗教性がきちんと共存している。いや、世俗性は宗教性というパラダイム（次元）の手前でしか機能しない。そう説明することが可能である。このことはヨブ記やコヘレトの言葉でも基本的には同じである。ヨブ記では、義人ヨブがなぜ災いに遭うのかは、きちんと説明はされない。神が現れ、ヨブに懇々と語るが、それはヨブが知りたい答えではなかった。なぜ災いに遭うのか、その理由は最後まで謎だと言ってよい。いわば知恵が沈黙を余儀なくされるのである。ヨブ記二八章がこの知恵の限界ということについて的格に説明している。この二八章は知恵の賛歌と呼ばれる詩文であるが、ヨブ記全体で極めて重要な意味を有する部分である[7]。

では、知恵はどこに見いだされるのか
分別はどこにあるのか。
人間はそれが備えられた場を知らない。……（一二―一三節）
その道を知っているのは神。
神こそ、その場所を知っておられる。（二三節）

ここにははっきりとした知恵の限界認識がある。
コヘレトも知恵の限界性を知っている。

わたしは知った
すべて神の業は永遠に不変であり
付け加えることも除くことも許されない、と。

神は人間が神を畏れ敬うように定められた。（三・一四）

コヘレトは神の御業の前で人間が自らの限界を徹底的に知る、その限界性において神を畏れ敬うように人間は定められているのだと発言している。こういう記述を辿っていくと、結局、旧約では知恵によって知り得ないものがあるということが浮き彫りにされる。それが知恵の思想を理解する時に、大変重要なことである。

4　知恵の歴史的背景

知恵文学の背景にはどういう時代があるのだろうか。歴史的背景について少し考えてみよう。旧約の知恵文書には、その背景にある時代状況の変化が読み取れる。箴言とヨブ記、コヘレトの言葉との間には時間的な乖離を認めることができる。思想史的に見て、箴言は前期知恵文学、ヨブ記とコヘレトの言葉は後期知恵文学と呼ばれることがある。ただし、箴言という文書には複雑な編集の歴史が認められる。それゆえに、箴言を後者の知恵文書と比べて古いとは必ずしも言い切れないのである。特に箴言の一―九章や三一章は捕囚後に記されたもので、ヨブ記やコヘレトの言葉とそれほど時間的隔たりはないかもしれない。箴言全体の成立も捕囚後であることは言うまでもない。

けれども、箴言の一〇章以下、特に一〇章一節―二二章一六節、二五―二九章の部分は捕囚以前で、王国時代に由来する。そこには宮廷の知恵と言ってよい古い格言も含まれているし、またひょっとして王国成立以前に遡る部族的知恵の格言も含まれている可能性もある。とにかく、この部分は恐らくソロモン王朝時代に成立したものであり、その点で「ソロモンの箴言」と呼ぶことも不可能ではない。けれども、ソロモンという名は旧約の知恵文学では知恵の権威を示す意味があるから、箴言全体が実際にソロモンの書いたものだということにはならない。

そこで、箴言一〇章一節―二二章一六節、二五―二九章の部分の歴史的背景を考えてみよう。Ｇ・フォン・ラートという学者は、ソロモン時代に王国が国際化の影響によって文化の繁栄と世俗化をもたらしたと考えた。その国際化によって、古い聖なる伝承が世俗化の危機に陥り、それを克服するためにイスラエルの知恵が生まれた、と説明される[8]。実際、知恵は現実を鋭く捉えて、そこから思考するところに特徴がある。このフォン・ラートの説明は、箴言において世俗的なものと宗教的なものが融合していることをうまく説明してくれる[9]。その場合、われわれにとって重要なことは、この王国時代が安定した経済的・社会的状況にあったということである。社会史的に見るならば、この時代は土地が氏族ごとに均等に分配され、不平等は少なく、社会的基盤が安定している。これを「分節的社会」と呼ぶ[10]。こういう社会状況では、連帯性が保持され、社会全体を合理的に見通すことが可能となる[11]。勤勉な者は利益を多く得、逆に仕事に怠惰な者は利益を失う。したがって、勤勉な人は成功し、怠惰な人は失敗するという合理的な結果が生じるわけである。行為と結果が合理的に結合し、世界に秩序を見出すことが容易になる（旧約学ではこれを「行為‐帰趨連関」と呼ぶ[12]）。これが箴言に見られるいわば楽観的な知恵の世界だと説明できる。

ところが、この安定した社会状況は長続きしない。王国は南北に分裂し、やがていずれの王国も滅亡する。分節的社会は崩壊し、連帯性は失われた。捕囚という混沌とした時代を経て、捕囚後の時代となるわけである。分節的社会が成り立たないところでは、世界の秩序や法則はもはや成り立たない(13)。土地の均一的分配がなければ、連帯性は成り立ちにくくなり、社会全体を楽観的に見通すことが難しくなる。したがって、勤勉な人が貧しくなり、怠惰な人が富むということも起こりうる。昔ならあり得なかったことが生じ、世界は不透明になる。ヨブ記もコヘレトの言葉も、その分節的社会が成り立たない捕囚後の時代にいるということになる。そこで、ヨブ記では「なぜ、義人が苦しまねばならないのか」という現実を問わざるを得なくなり、またコヘレトの言葉では「義人も悪人も等しく死んでいく」という悲観的な結論になる、というわけである。これは興味深い説明だと思われる。

こういう説明はいわゆる唯物論的な解釈である(14)。そこには、意識を決定するのは存在だという前提がある。社会の上部構造（意識）を下部構造（存在）が決定すると見るのである。一九七〇年代に聖書学で流行した考え方である。これで旧約に見られる事象についてある程度の説明は可能だが、けれども、それだけでは諸文書の具体的な記述内容を説明できない。聖書の記述を単に合理的に類型化するところに根本的な問題があるのである。特に知恵文学では唯物論的な見方だけではとうてい説明しきれないものがある。最近では、コヘレトの言葉において、捕囚後のペルシャ帝国支配下での市場経済の破綻の現実から著者の嘆きと怒りを説明する、という解釈がある(15)。これも興味深い解釈ではあるが、歴史的背景を特定する説明とは言えない。知恵文学において歴史的背景を特定するのはなかなか難しいと言わざるを得ないのである[16]。

5　秘密は明らかにされるか

知恵は合理的に思考するが、それでは旧約聖書では人間の宿命についてどう考えるだろうか。そこで宿命、あるいは予定ということについて考えてみよう。知恵文学では知恵の限界が指摘されるが、それならば、果たして人間には運命あるいは宿命というものがあるのだろうか。知恵文学にはそもそも宿命論はない。宿命論とは、神がすべてのことをあらかじめ計画していて、人間はそれをどうすることもできない。すべては神の予定したとおりになる、という考え方である。そういう決定論的な考え方が知恵文学にあるかと問うと、否と言わなければならない[17]。なるほど、箴言でもヨブ記でもコヘレトの言葉でも、神の御業や計画の前で人間の知恵は効力を失うという認識がある。けれども、そこには「予定」というような宿命的な考え方はない。たとえば、「神のなさる業を始めから終りまで見極めることは許されていない」（コヘ三・一一）。神の御業をあらかじめ知ることはできないし、また認識することもできないと知恵文学は考えるのである。これは興味深いことである。

ちなみに、預言書も基本的には同じである。預言書でも神の計画は決定されていない。ヨナ書がその典型である。ニネベを滅ぼすという神の計画はヨナの予想を超えて変更される。そこで、ヨナは神に抗議する。約束が違うではないかと。ヨナは神の計画はあらかじめ認識しうると考えていたが、その認識が崩されてしまう。[18] 預言書でも予定という宿命論的な考え方は成り立たないのである。イザヤ書三六—三九章の「イザヤ／ヒゼキヤ物語」がやはり神の計画変更を問題にしている。[19] ヒゼキヤにおいて神の計画は予想を超え変更を繰り返すのである。神の計画はあるにはあるのだけれども、それはあらかじめ知ることはできず、あとになって初めてそれに気がつくのだ、ということである。

知恵文書に関連あるものとしてヨセフ物語が同様な性質を示している。[20] このヨセフ物語も知恵的な物語である。この中でヨセフは知者として登場する。彼には夢を解く不思議な知恵があって、ついにはエジプトの宰相に抜擢され、ヤコブの家族を救う。ところが、ヨセフは自分自身については先を読めない。先を読めないどころか、空気も読めず、兄たちの嫉妬にヨセフは少しも気づかなかった。ヨセフは散々苦労を重ね、どん底の試練を味わう。そして、彼は最後に振り返ってみて、神の計画に気づかされるのである。創世記四五章にそれが書かれている。

「わたしはあなたたちがエジプトへ売った弟のヨセフです。しかし、今は、わたしをここへ売ったことを悔やんだり、責め合ったりする必要はありません。命を救うために、神がわたしをあなたたちより先にお遣わしになったのです。……わたしをここへ遣わしたのは、あなたたちではなく、神です」。（四—八節）

ヨセフは自分がここにいるのは神の計画であったと告白するが、それは運命信仰とは何らかかわりを持たない[21]。かつてヨセフが見た夢、太陽と月と一一の星が自分にひれ伏したということの意味も、そのときにはまったくわからず、あとで振り返ってみた時にわかったのである。こういう仕方で、旧約聖書では人間の知恵はいつでも神の計画を追いかけていく。神の計画をあらかじめ知るということは決してないのである。これが知恵の本質だと言ってよい。

これは言い換えると、旧約聖書では基本的に神の秘密は明かされないということになる。「秘密」（ソード、アラム語ではラーズ）は決して明らかにされない、というのが知恵の本質である。秘密とは隠されたものである。この「隠されたもの」を明らかにするということが、黙示（ギリシャ語でアポカリュプシス）の意味となる[22]。アポカリュプシスは字義通り「隠されたものを顕わにする」ということである。つまり、秘密は明らかにされない、という限界に留まるのが知恵であって、逆にそれを突破して秘密を明らかにするのが黙示だということができる。

6　秘密をめぐる対立した思考

神の秘密は明らかにされないし、明らかにしてはならない。これが知恵の本質である。神がなさることをあらかじめ知ることはできない。けれども、人間の知恵はその限界を超えて行こうとする傾向がある。それは、天地創造の記述からも窺うことができる。

主なる神は言われた。
「人は我々の一人のように、善悪を知る者となった。今は、手を伸ばして命の木からも取って食べ、永遠に生きる者となるおそれがある」。（創三・二二）

これについて興味深いのはヨブ記である。ヨブ記にはサタンが登場する。一―二章では主の会議の中にサタンもいて、なんとサタンが神と取引をする。その結果、ヨブに次々に災いが降りかかるということが書かれている。これは天上の秘密（ヘブライ語でソードは「会議」と同時に「秘密」をも意味する）であって、地上にいるヨブ自身には一切明らかにされないのである。ヨブ記ではサタンは三章以下に登場せず、姿を消す。三八章以下で神が現れヨブに語るが、ヨブには創造世界の不思議が告げられただけであって、ヨブがなぜ災いに遭うのかという理由についてはまったく説明されない。大事なことは、ヨブには神の秘密は明らかにされないということである。このように「秘密が開示されないこと」が旧約聖書全体において、原則となっている。そう言えるのではないだろうか。申命記二九章二八節にそれを説明する言葉がある。

隠されている事柄は、我らの神、主のもとにある。しかし、啓示されたことは、我々と我々の子孫のもとにとこしえに託されており、この律法の言葉をすべて行うことである。

これは少々謎めいた言葉であるが、隠された事柄は人間には明らかにされず、人間には律法（トーラー）を守ることだけが託されている、と理解することができる。[23] これは知恵文学を含めた旧約聖書全体の基本的な立場を表現しているのではないかと考えられる（コへ一二・一三参照）。

このような知恵の基本的な思想と真っ向から対立するものがダニエル書に現れる。これは旧約最後の書と言われる。ダニエル書は黙示文学に属するが、この中で特徴的なのは「秘密が明らかにされること」である。たとえば、二章にはこの「秘密を明らかにする」という表現が見られる。「お休みになって先々のことを思いめぐらしておられた王様に、神は秘密を明かし、将来起こるべきことを知らせようとなさったのです」（二九節）。

ダニエル書では神は「秘密を明らかにする」のである。それによって、終末の到来（「将来起こるべきこと」）が告知される。ここでは、知恵文学で制限されていた知恵の有効性が突破され、知り得ないはずの秘密が明らかにされるのである。このダニエル書の黙示的思想は、まさしくアポカリュプシス（黙示）の字義通り、「隠されたものが顕わにされる」ということである。そういう意味で、ダニエル書は旧約の中では知恵文学と異質な思想を示すのである。注目すべきことであるが、ダニエル書では決定論的思考が目立つ。どういうことかと言うと、神は歴史をあらかじめ決定しておられて、知者には自然科学者のようにそれを計算することすらできる、という認識である。[24] 実際、ダニエル書では終末時を謎解きのように計算するのである。

たとえば、エレミヤがかつて捕囚の終わるまで七〇年だと預言した（エレ二五章一二節）。ところが、ダニエル書九章ではそれを神殿がいつ汚辱から解放されるかを示す数字と解釈し、二五節では「六二週」という数字をはじき出す。ヘブライ語では「週」は七を表すから、「六二週」とは六二×七＝四三四年となる。恐らく、七〇を恣意的に七＋六二＋一と分析したのであろう[25]。ダニエル書冒頭に神殿が汚辱された第一次バビロン捕囚（前五九八年）について記述されるが、それから四三四年後は紀元前一六四年であり、ダニエル書成立の背景にある神殿奉献の年（マカバイ戦争終結の年、アンティオコス四世エピファネスの没年）にぴたりと重なる[26]。まさしく決定論的思考である。これはノストラダムスの大予言のような卜占的決定論と同質のものである。けれども、これは知恵文学の思考とはまったく異なる。

7　秘密は隠される

旧約聖書では基本的に決定論は拒否される。知恵文学がそうである。秘密は隠されるのである。けれども、隠されることに意味を見出すのが知恵文学である。言い換えると、知恵文学では、人には確かなことがわからないからこそ、そこに意味を見出すという主体的な思考法が結実するのである。たとえば、コヘレトの言葉がそれを示す。

朝、種を蒔け、夜にも手を休めるな。
実を結ぶのはあれかこれか
それとも両方なのか、分からないのだから。（一一・六）

これは悲観的なことを記述しているのではない。むしろ逆である。たくさんの種のうちで、どの種が実を結ぶかはわからない。ひょっとして、どの種も実を結ばないかもしれない。そういう意味で、ここには確かに不可知性がある。けれども、その不可知性が意味を反転させるのである。どの種が実を結ぶかわからないからこそ、種を蒔き続けよ、朝から晩まで働き続けよという結論になるのである。これが知恵の論理である。不確かだからこそ、最善を尽くすということである。[27]

ヨブ記でも同じことが言える。ヨブ記では、なぜ災いが来るかがヨブにはわからない。ヨブは神に問うけれども、答えがない。むしろ、神はヨブの前に現れて「ヨブよ、答えよ」と問い返す。問う者が問われる者になる。そういう仕方で神の答えが与えられるのだと言えるのではないだろうか。[28] これについて、精神医学者のＶ・フランクルが手掛かりになる。フランクルは第二次大戦中、アウシュヴィッツの強制収容所で生き延びたユダヤ人である。彼は人間存在の意味について崇高な宗教的提言をし、「人間とは生の意味への問いを発すべきものではなくて、むしろ逆に人間自身が問いかけられているものであって、自ら答えなければならぬ」と記す。[29] フランクルはこれを問いのコペルニクス的転換と呼んだ。フランクルはこう書いている。

カントの言葉を借りれば「コペルニクス的」転換を成し遂げること、考えを一八〇度切り替えることが重要になってきます。この転換を成し遂げれば、問いは「私は人生から何を期待できるのだろう？」ではなく、「人生は私に何を期待しているのだろう？」となるはずです。……

もうおわかりでしょうが、よくあるように、人生の意味を自分から問うのは誤っています。人生の意味を問うことができるのは私たちではありません。問いを投げかけているのは人生で、私たちは問われている側なのです！　答えなければならないのは、私たちのほうです。人生がつねに毎時間私たちに投げかけている「人生の問い」に答えなければならないのは、私たちです。人生とは、問われることに他なりません。私たちは、答えるためにのみ、つまり人生の責任《Ver-Antworten》を負うためにのみ、存在しているのです(30)。（小さい黒丸の傍点は筆者）

このフランクルの文章に「神」という言葉は出てこないが、これはヨブ記のことを説明した非常に優れた文章である。神はヨブの「なぜ」という問いに答えない。その意味で秘密は隠されるのである。けれども、そのような人生の不条理において、人は人生の意味を見出すように神から問われている。フランクルはそのことを語っている。問いに答えるのは神ではなく、私だということである。いや、神はわれわれが自ら意味を見出すように導く。興味深いことだが、現代のカウンセリングにおいて、カウンセラーはクライアントに答えを提示しない。むしろ、クライアントが自ら答えを見出すように導き、またクライアント自身が答えを見出すことによってカウンセリングは終了するのである。それと同じことがヨブ記の神についても言えるのではないだろうか。これが旧約の知恵の論理、知恵の思考法を説明している。

旧約聖書では秘密は隠されるのである。終末の時まで明らかにされない。けれども、大事なことは、そこでわれわれが思考を停止し、うずくまってしまってはならないということである。そうではなく、自ら答えを見つけ出して、そこから前向きに生きていくことが要求される。旧約では不可知性がいわば跳躍台となり、それが反転して積極的で前向きな行動を生み出す。不可知性が倫理的主体性を創出するのである。それが旧約の知恵が提示する生き方である。

注

（１）本論文は、二〇〇九年九月二三日に日本基督教団玉川教会で開催された東京神学大学西東京地区後援会での講演に若干の手を加えたものである。
（２）Ｇ・フォン・ラート（勝村弘也訳）『イスラエルの知恵』日本キリスト教団出版局、一九八八年、二二頁。
（３）A. Lange, Art. Weisheitsliteratur, in: RGG, 4. Aufl., Bd. 8, 2005, S. 1366.
（４）C. Westermann, Wurzeln der Weisheit. Die ältesten Sprüche Israels und anderer Völker, Göttingen, 1990, SS. 147-149 を参照。ヴェスターマンは旧約の知恵と現代の科学（Wissenschaft）、さらに哲学（Philosophie）との差異について論じている。彼は科学については全体性の認識の欠如とい

う点を挙げて、知恵との違いを説明している。

（5）R. N. Whybray, Proverbs (NCBC), Grand Rapids, 1994, pp. 7-12. ワイブレイは箴言がその成立においてエジプトの知恵などの直接的影響を受けていないと説明し、あくまでイスラエル的ヤーウェ宗教の伝統に立っている点を強調する。

（6）L・G・パーデュー（高柳富夫訳）『箴言』（現代聖書注解）日本キリスト教団出版局、二〇〇九年、七七―七八頁。

（7）H. D. Preuß, Einführng in die alttestamentliche Weisheitsliteratur, Stuttgart, 1987, SS. 85-87.

（8）G・フォン・ラート、前掲書、一〇〇―一〇一頁。

（9）前掲書、一〇四―一〇五頁。

（10）H・G・キッペンベルク（奥泉康弘／紺野馨訳）『古代ユダヤ社会史』教文館、一九八六年、二九―三三頁。「分節」(segmentär) の概念は社会学者デュルケームに由来する。分節的社会は地位、身分、富などに明確な差異のない平等社会と説明できる。王国時代の分節的社会の分析については、F. Crüsemann, Der Widerstand gegen das Königtum (WMANT 49), Neukirchen-Vluyn, 1978, SS. 203ff. 参照。

（11）F・クリューゼマン（柏井宣夫訳）「変革不能な世界――伝道者（コーヘレス）における『知恵の危機』に関する考察」W・ショットロフ／W・シュテーゲマン『いと小さき者の神――社会史的聖書解釈　旧約篇』新教出版社、一九八一年、一二九―一三〇頁。

（12）K. Koch, Gibt es ein Vergeltungsdogma im Alten Testament?, in: ders. (Hrsg.), Um das Prinzip der Vergeltung in Religion und Recht des Alten Testaments, Darmstadt, 1972, SS. 130-180. これについては、拙論「箴言」池田裕他監修『新版　総説旧約聖書』日本キリスト教団出版局、二〇〇七年、

四四二―四四六頁を参照してほしい。

(13) F・クリューゼマン、前掲論文、一三二頁。

(14) これについては、K・フュッセル（柏井宣夫訳）「聖書の唯物主義的な読み方――聖書本文への接近法の対案に関する報告」W・ショットロフ／W・シュテーゲマン、前掲書、二九―五三頁。

(15) C・L・シアウ（小友聡訳）「万事が制御不能な時の神学」『日本版インタープリテイション』63号（コヘレトの言葉）、ATD・NTD聖書註解刊行会、二〇〇二年、四―二七頁。シアウによると、ペルシャ帝国下のユダヤでは貨幣経済が浸透し、盛んになった経済活動によって市場経済の変動が生じた結果、コヘレトは投機に失敗して全財産を失い、負け組になったという。その嘆きと怒りがコヘレトの言葉の背景にある、と説明される。

(16) R・N・ワイブレイ（石川立訳）「知恵文学作家の社会的環境世界」R・E・クレメンツ編『古代イスラエルの世界――社会学・人類学・政治学からの展望』リトン、二〇〇三年、三一二―三四六頁。

(17) 拙論「黙示、預言、知恵――決定論をめぐって」小友聡他編『テレビンの木陰で――旧約聖書の研究と実践』教文館、二〇〇二年、二一一―二二五頁。

(18) 最近、並木浩一氏もこの点を指摘する。並木浩一『聖書の想像力と説教』（説教塾ブックレット8）キリスト新聞社、二〇〇九年、八三―八四頁。並木氏はヨナ書における宿命観の欠如を「神の自由」と説明している。

(19) これについて興味深いことは、三つに区分されるイザヤ書の第一区分（一―三九章）の最後の部分がこの「イザヤ／ヒゼキヤ物語」であって、しかもここだけがイザヤ書では散文の物語として書かれているということである。十二小預言書も三つ（ホセア～ミカ、ナホム～ゼファニヤ、ハガイ～マラキ）に区分でき、その第一区分に属するのがヨナ書であり、しかもこの書だけが十二小預言書では散文の物語である。ちなみにギリシャ語七十人訳ではマソラ本文の配列と異なり、第一区分の最後がこのヨナ書である。それはイザヤ書における「イザヤ／ヒゼキヤ物語」の配列位置にぴたりと重なる。

(20) 多くの学者がそれを指摘するが、たとえば H. D. Preuß, op. cit., SS. 154-159.

(21) G・フォン・ラート（荒井章三訳）『旧約聖書神学Ⅰ――イスラエルの歴史伝承の神学』日本キリスト教団出版局、一九八〇年、二三四頁。

(22) これについては、拙論「『黙示』概念の根源をめぐる考察――旧約と新約をつなぐもの」『神学』七〇号、二〇〇八年、八二―一〇五頁を参照してほしい。

(23) J・ブレンキンソップ（左近淑／宍戸基男訳）『旧約の知恵と法――古代イスラエルおよび初期ユダヤ教における生の規制』ヨルダン社、一九八七年、二二二―二二三頁。ブレンキンソップはこの箇所に知恵と律法との合体を見ている。

(24) 大貫隆『終わりから今を生きる』教文館、一九九九年、一二四―一二七頁。大貫氏は「黙示文学的な終末予言が自然科学的な合理主義と結びつく」と指摘し、さらに黙示の「思考法が、自然科学の同様に対象化する思考法と共振する」と的確に説明している（一二四頁）。

(25) J. A. Montgomery, The Book of Daniel(ICC), Edinburgh, 1926, p. 391.

(26) なお、「六二週」については別の解釈も成り立つ。ネブカドネツァル王の即位年（前六〇五年）から四三四年後は、大祭司オニアス三世が殺害された紀元前一七一年であり、それが二六節の「油注がれた者は／不当に絶たれ〔た〕」出来事を指すという解釈も可能である。これについては、J. A. Montgomery, op. cit., pp. 391-392. いずれにせよ、ダニエル書の著者の現在において、かつてのエレミヤ預言が実現したことを説明しようとしているのである。黙示文学において数字の謎解きは現在を解き明かす手段である。

(27) これについては、拙論「最悪のシナリオを想定して――コヘレト一一章一―六節をめぐる考察」『神学』六四号、七五―九一頁を参照してほしい。
(28) 拙論「神から問われるヨブ――われわれはヨブ記をどう読むか」『紀要』八号、二〇〇五年、一二三―一三七頁。
(29) V・E・フランクル（佐野利勝／木村敏訳）『識られざる神』（フランクル著作集7）みすず書房、一九六二年、一一一―一一二頁。
(30) V・E・フランクル（赤坂桃子訳）『夜と霧の明け渡る日に――未発表所感、草稿、講演』新教出版社、二〇一九年、一四一―一四二頁。

第五章　応報主義を超えて——旧約聖書の反応報思想

1　東日本大震災をめぐる問い

1 なぜ、全能者のもとには
　さまざまな時が蓄えられていないのか。
なぜ、神を愛する者が
　神の日を見ることができないのか。……
7 着る物もなく裸で夜を過ごし
寒さを防ぐための覆いもない。
8 山で激しい雨にぬれても
身を避ける所もなく、岩にすがる。
9 父のない子は母の胸から引き離され
貧しい人の乳飲み子は人質に取られる。

10彼らは身にまとう物もなく、裸で歩き
麦束を運びながらも自分は飢え
11並び立つオリーブの間で油を搾り
搾り場でぶどうを踏みながらも渇く。
12町では、死にゆく人々が呻き
刺し貫かれた人々があえいでいるが
神はその惨状に心を留めてくださらない。
13光に背く人々がいる。
彼らは光の道を認めず
光の射すところにとどまろうとしない。……
18「大水に遭えば彼はたちまち消え去る。
この地で彼の嗣業は呪われ
そのぶどう畑に向かう者もいなくなる」。（ヨブ二四・一―一八）

このヨブ記の言葉は震災について語った言葉ではない。絶望するヨブが友人との論争において述べた悲痛な問いである。この現実を見よ、とヨブは訴えている。文脈は複雑であり、一八節から次の段落が始まるとも読める。けれども、このヨブの言葉には、あの岩手、宮城、福島で震災を経験した人たち、また被災地の今の現実をも映し出すものが読み取れるように思われてならない。二〇一一年三月一一日、あの凍てつく冬の寒さの中、津波に押し流され、必死にもがきながら岩にしがみつき、助けを求めた人たち。ある者は力尽き、そして、かろうじて助かった者たちもまったく生活の糧を失い、家族は離散し、町では死にゆく人々があえいでいる。その惨状に神は少しも目を留めてくださらない。人々はもはや光の射すところに留まろうとはしない。いったい旧約聖書はあの東日本大震災について今、どのように語りうるだろうか。(1) この問題について考察するのが筆者の課題である。けれども、旧約聖書はあくまで二千数百年前に、イスラエルで書かれた古代の文書である。それを二年半前の東日本大震災と短絡的に結びつけるなら、独りよがりの読み込みになるだろうし、またキリスト教信仰を前提とした単なる護教的な説教になりそうだ。それはできるだけ避けたい。ここでは、あくまで旧約聖書学にこだわって、3・11についてどのように旧約が語りうるかを考える。

本論文には「応報主義を超えて」という題をつけた。それは、「応報主義」という問題が震災後において最も重要な問題の一つだと考えられるからである。あの震災直後に「震災は天罰」という天誅論が物議をかもした。キリスト教の側からも「震災は天罰ではない」という応答があった。(2) けれども、「震災は天罰」という考え方そのものは、素朴な宗教性と結びついている。思いがけない災難が降りかかると、「罰《ばち》が当たった」というように、因果応報によるものと考えるのが日本人の一般的な宗教感覚である。キリスト教もそうであって、震災を神からの警告だとか、神の裁きだというように捉えがちである。それだからこそ悔い改めなければならない、と語る者もいるだろう。けれども、もし震災が神の裁きならば、いったい誰が罪を犯したのか、悔い改めなければならないのは誰なのか。被災者は罪を犯したのか。あるいは被災者は尊い犠牲者ということなのだろうか。二万人を超えるあの無辜の震災犠牲者について、旧約聖書はやはり応報を語るのだろうか。因果応報あるいは応報主義という思想は、旧約聖書の本質にある思想である。そのような旧約聖書がそもそも３・11を生きる者にとって救いとなるのだろうか。

2　旧約におけるカタストロフ（破局）について

旧約聖書を書き記したイスラエルの民は、その歴史において「破滅」あるいは「破局」を経験している。それは、国家滅亡とそれに続く捕囚の体験である。紀元前五八六年にエルサレムがバビロニアによって包囲され、ついにエルサレムは陥落した。エレミヤ書五二章、列王記下二五章にその歴史的記述がある。この出来事を詩文に綴った文書が旧約の哀歌である。ダブス＝オルソップによれば、哀歌は古代オリエント文学においていわゆる都市滅亡哀歌のジャンルに属する文学作品である(3)。その二章には、エルサレム滅亡時の凄惨な状況が次のような詩文で表されている。

わたしの目は涙にかすみ、胸は裂ける。

わたしの民の娘が打ち砕かれたので
　わたしのはらわたは溶けて地に流れる。
幼子も乳飲み子も町の広場で衰えてゆく。

幼子は母に言う
　パンはどこ、ぶどう酒はどこ、と。
都の広場で傷つき、衰えて
母のふところに抱かれ、息絶えてゆく。

おとめエルサレムよ
　あなたを何にたとえ、何の証しとしよう。
おとめシオンよ
　あなたを何になぞらえて慰めよう。
海のように深い痛手を負ったあなたを
　誰が癒せよう。……

おとめシオンの城壁よ

　主に向かって心から叫べ。
昼も夜も、川のように涙を流せ。
休むことなくその瞳から涙を流せ。
立て、宵の初めに。
　夜を徹して嘆きの声をあげるために。
主の御前に出て
　水のようにあなたの心を注ぎ出せ。
両手を上げて命乞いをせよ
　あなたの幼子らのために。
彼らはどの街角でも飢えに衰えてゆく。
主よ、目を留めてよく見てください。
これほど懲らしめられた者がありましょうか。
女がその胎の実を
育てた子を食い物にしているのです。
祭司や預言者が

主の聖所で殺されているのです。

街では老人も子供も地に倒れ伏し
おとめも若者も剣にかかって死にました。
あなたは、ついに怒り
殺し、屠って容赦されませんでした。（二一―二二節）

ここには母親がわが子の肉を食うカニバリズムも見られる。このような破局を語る哀歌は、目を覆いたくなるエルサレムの惨状を深く嘆き、犠牲となった同胞に同情を示しているのは確かである。けれども、「これほど懲らしめられた者がありましょうか」（二〇節）と記す哀歌の詩人は、エルサレムの破滅を、間違いなく神による応報と考えている。この認識の背景には旧約の契約思想がある。そもそもイスラエルは神の民として選ばれ、神の祝福を受けるにあたって、律法の遵守を約束した。それがシナイ契約であり、これがイスラエル民族の繁栄の根拠となっている（出一九―二四章）。イスラエルが守るべき律法は十戒に象徴される（同二〇章、申五章）。この十戒によれば偶像礼拝は断罪される。「わたしは主、あなたの神。わたしは熱情の神である。わたしを否む者には、父祖の罪を子孫に三代、四代までも問うが、わたしを愛し、わたしの戒めを守る者には、幾千代にも及ぶ慈しみを与える」（出二〇・五―六）。神の戒めを守らない者は徹底的に罰せられるのである。それは、エルサレムの滅亡という出来事において成就した、という判断を促した。哀歌の詩人もそのようにエルサレムの悲惨を神の裁きの成就として説明している。哀歌という文書が一貫して陰鬱な嘆きを語る背景には、そのような応報主義があるのである。

3　旧約における応報主義とその破綻

旧約聖書には応報主義がある。それは確かなことである。最も重要なのは申命記的歴史文書である。ヨシュア記、士師記、サムエル記上下、列王記上下という一連の歴史文書がそれである。この申命記的歴史は申命記の神学思想を基準にして王国滅亡までのイスラエルの歴史を記述している。つまり、イスラエルが滅亡し、国家を失ったのは神の律法に背いたからだ、という反省において歴史が記述される。これは「先祖が酸いぶどうを食べれば／子孫の歯が浮く」（エゼ一八・二）という諺に象徴される応報思想に基づく。「親の因果が子に報い」という因果応報である。一方、旧約には申命記的歴史とは異なった一連の歴史記述がある。それが歴代誌的歴史であって、歴代誌上下とエズラ記、ネヘミヤ記を含む。この一連の歴史文書もまた、申命記的歴史文書と同様に応報主義的な色彩が濃い。歴代誌的歴史は、捕囚期に成立した申命記的歴史をもとにして、さらに別の視点から歴史を応報主義的に記述した文書である。申命記的歴史は世代を超えた応報主義だが、歴代誌的歴史は世代内的な直接的応報であって、応報主義が徹底している[4]。

たとえば、ユダ王国のマナセ王の記述が両者の応報主義の違いを説明している。申命記的歴史（王下二一章）では、マナセ王は主の目に悪を行った王として否定的に評価され、その罪ゆえにバビロン捕囚という神の審判が実現したと説明される。それに対し、歴代誌的歴史（代下三三章）では、マナセ王は悪行をなして主の怒りを招いたにもかかわらず、悔い改めたゆえに赦されたと肯定的に評価される。この理由は、マナセの悪行については世代内で応報が生じたという徹底した応報主義が歴代誌において反映しているからである。歴代誌的歴史がそのように申命記的歴史の記述を改訂したのは、マナセ王が五五年という長期間の治世を維持し、王国に繁栄をもたらした事実と無関係ではない。つまり、マナセの長い在位期間は、マナセの祝福のしるしとして世代内応報的に説明し直されたのである[5]。

これら二つの応報主義的な一連の歴史文書に対して、旧約の知恵文学にも応報主義的な文書がある。それは箴言である。箴言もまた、極めて応報主義的な知恵の作品である。たとえば、箴言には以下のような典型的な格言がある。

主を畏れれば長寿を得る。
主に逆らう者の人生は短い。（一〇・二七）
神に従う人はとこしえに揺らぐことなく
神に逆らう者は地に住まいを得ない。（一〇・三〇）

神に従う人は苦難に陥っても助け出され
神に逆らう者が代わってそこに落とされる。（一一・八）
悪人は何代経ようとも罰を逃れえず
神に従う人の子孫は免れる。（一一・二一）
神に従う人がこの地上で報われるというなら
神に逆らう者、罪を犯す者が
　報いを受けるのは当然だ。（一一・三一）

まことに素朴で楽観的な応報主義に基づく格言が並んでいる。これについては、旧約学ではいわゆる行為－帰趨連関によって説明される。[6]それは、人間の行為はその行為にふさわしい結果をもたらすという知恵の法則である。この行為－帰趨連関において箴言の格言は表現されている。[7]「主を畏れる」という行為が「長寿を得る」という結果をもたらし、また「主に逆らう」という行為が「人生は短い」という結果をもたらすからである。要するに、義人は繁栄し、悪人は滅びるのである。このような知恵の法則は、言うまでもないが、見通しがきく世界においてしか成立しない。つまり、国家が安定し、民に土地が平等に分配され、正義が支配し、個人の努力や勤勉が十分に報われる世界において行為と結果の連関は成り立つのだ。[8]そう考えれば、箴言はイスラエルの王国時代を反映していると説明できる。けれども、箴言を生み出した、世界を見通せる時代はつかの間であった。バビロン捕囚後、国家も秩序も失ったイスラエルにおいて、世界は見通せなくなり、知恵の応報主義は破綻する。

4　反応報主義の知恵文学――コヘレトの言葉

捕囚後の知恵文学において、まず重要なのはコヘレトの言葉である。このコヘレトの言葉は反応報主義の思想で彩られている。すなわち、行為‐帰趨連関がもはや成り立たない世界において、独特な知恵の思想が語られる。たとえばこういう具合に。

太陽の下、再びわたしは見た。
足の速い者が競走に、強い者が戦いに
　必ずしも勝つとは言えない。
知恵があるといってパンにありつくのでも
聡明だからといって富を得るのでも
知識があるといって好意をもたれるのでもない。
時と機会はだれにも臨むが
人間がその時を知らないだけだ。
魚が運悪く網にかかったり

鳥が罠にかかったりするように
人間も突然不運に見舞われ、罠にかかる。（九・一一―一二）

コヘレトの言葉ではもはや応報主義は影をひそめ、偶然が支配する。世界は混沌としてもはや見通すことができない。この先何が起こるかわからない、まったく不確かな現実において、コヘレトは手探りで生きる。この世界は不条理に満ちている。このコヘレトの言葉の思想に寄せて紹介しておきたいのは、二〇一三年にベストセラーになった姜尚中の小説『心』である。この小説の中にコヘレトの言葉三章が引用され、それが震災後を生きる読者に重要なメッセージを語っている。[9] 小説『心』は、先生と学生がメールで心の交流をする物語である。西山直広という学生が、親しい友人の死、そして二年前の東日本大震災の悲惨を深く見つめながら、生きることの意味を先生に問い、答えを見出そうとする小説である。ある日、唐突に訪れる死。震災後、私たち誰もが生と死は実は隣り合わせであることを知った。小説の中で、学生は津波で亡くなった人々の遺体を引き上げるボランティアをし、心が張り裂けるほど辛い経験をする。目を背けたくなるほど惨い、無残な状態の遺体を一つ一つ引き上げて、学生は心を病んだ。若い女性も子供も、唐突に命を奪われて、こんな風に見るに耐えない醜い姿を晒すのならば、いったい人間が生きることに意味なんてあるのだろうか。その深刻な問いを引き受けて、先生はメールを送る。この中に引用されるのがコヘレトの言葉三章の「時の詩」であった。

何事にも時があり
天の下の出来事にはすべて定められた時がある。
生まれる時、死ぬ時
植える時、植えたものを抜く時
殺す時、癒す時
破壊する時、建てる時
泣く時、笑う時
嘆く時、踊る時
石を放つ時、石を集める時
抱擁の時、抱擁を遠ざける時
求める時、失う時
保つ時、放つ時
裂く時、縫う時
黙する時、語る時
愛する時、憎む時
戦いの時、平和の時。（一―八節）

この時の詩文は、時間には終わりがあり、時は限られている、しかし、時は短いからこそ意味がある、という逆説を語っている。コヘレトの言葉には「空しい」（ヘベル）という言葉が繰り返されるが、それは、時間が短いという意味である。[10] 旧約の時代、人間の平均寿命は三〇歳あまりであったとされる。[11] 七〇歳八〇歳まで生きられる人は限られていた。二〇歳に達した若者が生きられる年数は、あとわずか一〇数年であったと言える。「若さも青春も空しい」（一一・一〇）ということは実感としてあったのだ。人生の残りの時間は短い。死は生の中に入り込んでいる。けれども、今、時がある、とコヘレトは語るのである。コヘレトの言葉に見られるこのようなメメント・モリ（「死を覚えよ」）という思想が、小説『心』でも、心病む学生の再生への手掛かりになっている。

うまく言えないんですけど、「死」って結局、「生」を輝かせてくれるものじゃないでしょうか。……遺体を一つひとつ引き上げて、一人ひとりの死と向き合っているうちに、とにかく、僕、「自分、生きなきゃいけない」ってすごく思うようになったのです。

生きなきゃいけない。……

亡くなった方に接するたびに、その方たち一人ひとりの「思い」をもらって、こうして生きている自分の「生きる力」として生かさなきゃと思うようになったのです。（一五七―一五八頁）

……わたしは改めて死は生の中にくるまれて存在していることを実感しました。死と隣り合わせ、死と表裏一体でつながっているからこそ、生は輝き、意味のあるものになる。（一六七頁、傍

点筆者）

このように学生と先生との間で交わされる言葉には「コヘレトの言葉」がこだましている。生きることにこそ意味があるのである。だから、人は生きて、生きて、生き抜く。多くの死と隣り合わせで、死と表裏一体で繋がっているからこそ、逆に生は輝く。多くの酷い死に出会いながら、やり場のない悲しみにあえぎながら、それでも神は生きよ、あなたは生きよ、と呼びかける。今、あなたは命を与えられているではないか。だから、生きて生きて、生き抜いて行け。そのように生を選び取ろうとする意志が、震災後にどう生きるかを問うこの小説の中に響き渡っている。それはすべてコヘレトの言葉が語っているものである。

コヘレトの言葉は空しさを徹底して語る。この「空しさ」は実に三八回も繰り返される。けれども、人生は空しいから意味がないとは決して考えない。空しい現実が逆に意味を与えるのである。コヘレトは死という否定を媒介にして、生きることを肯定する。「犬でも、生きていれば、死んだ獅子よりましだ」（九・四）。これはまさしく「生きてるだけでまるもうけ」とでも言うように、生を肯定する生き方である。[12] コヘレトはさらにこういうことも語る。

あなたのパンを水に浮かべて流すがよい。
月日がたってから、それを見いだすだろう。

七人と、八人とすら、分かち合っておけ
国にどのような災いが起こるか
　分かったものではない。
雨が雲に満ちれば、それは地に滴る。
南風に倒されても北風に倒されても
木はその倒れたところに横たわる。
風向きを気にすれば種は蒔けない。
雲行きを気にすれば、刈り入れはできない。
妊婦の胎内で霊や骨組がどの様になるのかも分からないのに、すべてのことを成し遂げられる
神の業が分かるわけはない。
朝、種を蒔け、夜にも手を休めるな。
実を結ぶのはあれかこれか
それとも両方なのか、分からないのだから。（一一・一―六）

コヘレトは国の将来を悲観する悲観主義者に見えるが、今あるものを皆で分かち合えと勧める。また、種蒔きについては結実が危ぶまれるとしても「朝、種を蒔け、夜にも手を休めるな」と徹底的に蒔き続けることを勧めている。これは建設的悲観論と呼んでよい(13)。いずれにしても、応報主義が破綻

した世界において、空しい現実をどう生きるかについてコヘレトの言葉は示唆を与える。不条理が起こる現実で、それでも前に進め、と呼びかけるのだ。ここには明らかに応報主義を超えた思想がある。

5　反応報主義の知恵文学――ヨブ記

ヨブ記もまた応報主義を否定する文書である。一般にヨブ記は、なぜ義人は苦しむのかという不条理を主題にした神義論の書と見なされている。けれども、ヨブ記ははたして神義論の書なのだろうか。そもそも神義論（弁神論）とは神を弁護する議論だが、それがヨブ記において貫徹されているとは思われない。

ヨブ記の書名はイヨーブ。このヨブ（イヨーブ）というヘブライ語の名前を古代セム語の起源から説明すると、「わが父はどこに」という意味である。これは、「神はどこにおられるか」という問いと嘆きをほのめかす象徴的な題名だ。震災後にしばしば問われた問い「神はどこにおられるのか」は、このヨブ記の題名でもある。いったいヨブ記にはどういう意味があるだろうか。それについて答えるのは容易ではない。ヨブ記は解答を拒む謎の書だとも言える。その謎を挙げてみよう。

・なぜ義人ヨブに災いが降りかかるかはヨブには告げられない。冒頭に現れるサタンがどういう意味を持つか不明である。

・神がヨブに答えたことは、ヨブが求めた答えと食い違っている。

・なぜヨブは最後に悔い改めたのか。また、なぜヨブに祝福が戻ったのか不明である。
・義人ヨブの物語と言われるが、ヨブが果たして義人であり続けたかは甚だ疑問である。
・新約では、「ヨブの忍耐」（ヤコ五・一一）が称賛されるが、ヨブ記の内容と食い違う。

こういう疑問には答えを見出すことが難しい。そこで、ヨブと友人たちとの論争に注目する。三度の論争は最終的に不毛であった。この論争の争点は、ヨブの災いの原因が何か、という問題である。ヨブはそこで「なぜ」（ラーマー）という疑問詞を用いた問いを九回繰り返す。わかりやすいように私訳を掲載する。

なぜ、私は死んで子宮を離れなかったのか。（三・一一）
なぜ、彼（神）は苦しむ者に光を与えるのか。（三・二〇）
なぜ、私があなたの的に据えられるのか。（七・二〇）
なぜ、空しく労することがあろうか。（九・二九）
なぜ、あなたは胎から私を引き出したのか。（一〇・一八）
なぜ、あなたは御顔を隠すのか。（一三・二四）
なぜ、あなたがたは神のように私を追うのか。（一九・二二）
なぜ、あなたがたは空しいことを吐き続けるのか。（二七・一二）
なぜ、彼らの手の力が私の役に立ったと言うのか。（三〇・二）

　このようなヨブの悲痛な問いに対して、三人の友人たちはどう答えただろうか。友人たちの答えは応報主義によるものであって、その神義論は正当であるかに見える。典型的なのはエリファズである。

考えてみよ、誰か罪のないのに、滅ぼされた者があるか。どこに正しい者で、断ち滅ぼされる者があるか。私の見たところによれば、不義を耕し、害悪を蒔く者は、それを刈り取っている。彼らは神の息吹によって滅び、その怒りの息によって消えうせる。（四・七―九、私訳）

これは伝統的な応報思想だ。不幸と死は罪人の自業自得だという答えである。エリファズによれば、ヨブの悲惨はヨブ自身の罪の結果である、ということになる。エリファズはさらにヨブを追及する。

人は神の前に正しくあり得ようか。人はその造り主の前に清くあり得ようか。見よ、彼はその僕をさえ頼みとせず、その天使をも誤れる者と見なす。まして、泥の家に住む者、塵をその基とする者、しみのようにつぶされる者（が正しくあり得ようか）。（四・一六―一九、私訳）

　エリファズによれば、人間は被造物であって、神の前では罪を有する。その限りにおいてヨブは有罪であって、神に非はない。それがエリファズの神義論的な結論である。神義論も応報主義もそもそもヨブの友人たちの主張なのである。しかし、決定的に重要なことは、三人の友人たちに対して「お前たちは正しく語らなかった」と神が語ったということである（四二・七）。これによって、友人たちの神義論は破綻していることが明らかとなる。それならば、ヨブは正しかったのだろうか。確かに「ヨブは正しく語った」ように記される（四二・八）。けれども、事柄はそれほど単純ではない。三一章では、ヨブは自らを君主と見なし、神と同じ位置に立って、神を糾弾している。それはまるでサタンのようではないか。いったい自らを神と同等と見なし、神を糾弾する人間が義人なのだろうか。ヨブ記は誰が義人かについて論じている文書ではない。

さて、クライマックスの三八章で神が突然現れ、ヨブに直接語る。神はヨブを叱りつけ、「お前はいったい何者か」（三八・二、私訳）と詰め寄った。そのあと、神は延々と自身の創造の業について語る。この神の創造の業の不思議を知って、ヨブは屈服するのである。けれども、ヨブの問いと神の言葉はまったく嚙み合っていない。ヨブが知りたかったのはなぜ自分が苦しみに遭うのか、なぜ次々に自分に災いが降りかかるか、という疑問に対する神の答えであった。ところが、それに対して神は答えているだろうか。神はヨブが問うた問いに直接には何も答えていない。そこで、注目したいのは、神がヨブに対して語った象徴的な言葉である。

わたしに答えてみよ。（三八・三）

答えるがよい。（四〇・二）

わたしに答えてみよ。（四〇・七）
「わたしに答えてみよ」。（四二・四）

つまり、ヨブ記においては、問うヨブが逆に問われることによって神から答えが与えられる。[14] そういう構図が浮かび上がってくる。これが実はヨブ記の隠された意味ではないだろうか。ヨブ記では、問う者が問われるという逆転が生じるのである。問われるのは神ではなく、むしろヨブ自身なのだということである。神の問いは逆にヨブに答えることを求める。これは、言い換えると、あの大震災でなぜかくも多くの人々が犠牲になり、なぜ私たちは生き残ったのかについて説明がつかず、嘆きや悲しみが消えない中で、しかし、うずくまらずに立ち上がり、前に進め、と神はヨブに求めているということではないだろうか。そのように理解することができる。「男らしく、腰に帯をせよ」（七節）とは、問うことをやめて答えよ、ということではないだろうか。ここにヨブ記の意味があると考えられる。これは、ジョン・K・ロスが用いる反神義論である。[15] ヨブ記は神義論で説明することを拒否する。問いに対しては、逆に問いを投げ返し、問う者が自ら答えるように促す。並木浩一はこれを「問いの神義論」と呼ぶが、ヨブ記はそういう書である。[16]

これについては、V・フランクルが参考になる。フランクルはユダヤ人でアウシュヴィッツ強制収容所で奇跡的に生き延びた精神科医であった。彼は「問いのコペルニクス的転換」に言及する。「人間とは生の意味への問いを発すべきものではなくて、むしろ逆に人間自身が問いかけられているものであって、自ら答えなければならぬ[17]」。深遠な言葉だが、ここにヨブ記における問いの逆転がきちんと説明されている。フランクルはある体験を記している[18]。それは、鬱病に悩まされたある老医師のエピソードである。この人は二年前に妻を亡くした痛手から立ち直れずにいた。彼がフランクルを訪ねたとき、フランクルはこう質問した。「もし、あなたの方が先に亡くなっていたら、奥さんはどうなさったでしょうか」。老医師は言った。「もちろん、妻は大変苦しんだに違いありません」。フランクルは言う。「おわかりでしょう。あなたの奥様はその苦しみを免れることができたのです。ですから、今、奥様を失った悲しみにあなたが打ちひしがれていることには意味があるのです。奥様が受けたかもしれない苦しみをあなたが今、奥様に代わって苦しんでいるという、そういう意味があるのです」。このフランクルの言葉を聞いて、老医師は何も言わず、フランクルの手を握って去って行ったという。

フランクルが老医師に語ったことは、ヨブ記からも引き出されるものだ。神はヨブの「なぜ」という問いに答えない。そういう意味で不条理の意味は隠される。けれども、人生の不条理において、人生の意味を見出すように人は神から問われているのではないのか。小説『心』の西山直広がそうであったように。ヨブ記はそれをほのめかしている。現代のカウンセリングにおいては、カウンセラーはクライエントに答えを提示しない。カウンセラーはクライエント自身が答えを見出せるよう導き、クライエントが自ら答えを見出して歩み出す時にカウンセリングは終了すると言われる[19]。適切な例とは言えないかもしれないが、それと似た論理がひょっとしてヨブ記にあるのではないか。要するに、問いに答えるのは神ではなく、この私だということ。いや、神は、神に問う者に対して自ら意味を見出すように導く。不条理の秘密は隠され、終末の時まで明らかにされない。けれども、大切なことは、そこで思考を停止して、うずくまってしまうことではなく、むしろ自ら答えを出すために涙を拭い前向きに生きて行くということである。これも、言うまでもなく、応報主義を超える旧約の知恵の思想である。

６　３・11以後をどう生きるか

このように旧約聖書には応報主義だけでなく、それを拒絶する思想もある。コヘレトの言葉とヨブ記がまさしくそれであって、そこでは、なぜ神はこのような災難を与えるのか、という問いに答えが与えられることは断じてない。そこに応報主義は微塵もない。コヘレトもヨブ記も不可知論から出発する。誰かが罪を犯したから神の裁きが降ったのではないのだ。だから、「なぜか」という問いはもうしない。神に問わず、むしろ神に応える生き方を選び取る。震災後をどう生きるかについて、旧約聖書はそのような考え方を提示する。これは、震災直後によく聞いた、ルターが語ったと言われる言葉を思い出させる。「たとえ明日、世の終わりが来ようとも、今日、リンゴの木を植えよう」。終わりがあるから今を生きる責任がある。終わりがあるから今日をとことん生き抜く。涙を拭って、共に前に進む。カタストロフを経験した旧約の民が見出した生き方はこれに尽きる。旧約聖書は応報主義を超えて、私たちに明日に向かって生きることを促す。それは３・11以後をどう生きるかについて示唆を与えてくれる。

注

（1）本論文は二〇一三年一一月二〇日に東京女子大学で開催された講演「旧約聖書から3・11を考える――応報主義を超えて」を書き直したものである。
（2）荒井献他『3・11以後とキリスト教』ぷねうま舎、二〇一三年、一四九頁以下。
（3）F・W・ダブス＝オルソップ（左近豊訳）『哀歌』（現代聖書注解）日本キリスト教団出版局、二〇一三年、三〇頁。
（4）山我哲雄「歴代誌でアハズ王はなぜ個人的に罰せられないのか？」日本旧約学会編『旧約学研究』八号、二〇一一年、五九―六一頁。
（5）これについては、遠藤歓二氏が二〇一三年度に東京神学大学に提出した修士論文「列王記と歴代誌の記述に見るそれぞれの応報神学」が参考になる。
（6）勝村弘也「旧約における『破滅』を生きる知恵」新免貢／勝村弘也『滅亡の予感と虚無をいかに生きるのか――聖書に問う』新教出版社、二〇一二年、八三―八七頁。
（7）拙論「箴言」池田裕他監修『新版　総説旧約聖書』日本キリスト教団出版局、二〇〇七年、四四四―四四五頁。
（8）F・クリューゼマン（柏井宣夫訳）「変革不能な世界――伝道者（コーヘレス）における『知恵の危機』に関する考察」W・ショットロフ／W・シュテーゲマン『いと小さき者の神――社会史的聖書解釈　旧約篇』新教出版社、一九八一年、一二八―一三〇頁。

(9) 姜尚中『心』集英社、二〇一三年、一三七頁。
(10) コヘレトの言葉九章九節がそれを典型的に示す。
(11) O・カイザー／E・ローゼ（吉田泰／鵜殿博喜訳）『死と生』ヨルダン社、一九八〇年、九五頁。
(12) 上村静『キリスト教の自己批判――明日の福音のために』新教出版社、二〇一三年、六一頁。
(13) 拙論「最悪のシナリオを想定して――コヘレト一一章一―六節をめぐる考察」『神学』六四号、二〇〇二年、八六―八七頁。
(14) 拙論「神から問われるヨブ――われわれはヨブ記をどう読むか」『紀要』八号、二〇〇五年、一二三―一三七頁。
(15) S・T・デイヴィス編（本多峰子訳）『神は悪の問題に答えられるか――神義論をめぐる五つの答え』教文館、二〇〇二年、二一―九三頁。
(16) 並木浩一『「ヨブ記」論集成』教文館、二〇〇三年、一五二―一六七頁。
(17) V・E・フランクル（佐野利勝／木村敏訳）『識られざる神』（フランクル著作集7）みすず書房、一九六二年、一一―一二頁。
(18) V・E・フランクル（宮本忠雄／小田晋訳）『精神医学的人間像』（フランクル著作集6）みすず書房、一九六一年、六三―六四頁。
(19) 河合隼雄（河合俊雄編）『カウンセリングの実際』岩波書店、二〇〇九年、二一九頁。

第六章　旧約聖書の贖罪思想、その今日的展開

旧約聖書の贖罪思想を論じることが求められている。旧約聖書における贖罪思想の全体像を浮き彫りにし、新約聖書へと続く道筋をつけるとともに、旧約贖罪思想の今日的な射程の広がりを提示するという大きな課題に取り組む[1]。単なる旧約聖書学的な知見ではなく、今日の教会を見据えた現代的展開をしてみたい。

１　旧約聖書における「贖罪」

旧約聖書の贖罪思想を説明する際に、まず重要なことは贖罪という概念をどう定義するかということである。そもそも贖罪という語は旧約のヘブライ語にはない。贖罪とは「罪を贖う」ということだ。けれども、贖う対象となる罪性なるものが果たして旧約に本来的に存在するかどうかは定かではない。最初の人アダムが罪を犯したために人類に原罪という罪性が入り込んだというのは旧約成立以後（「ベン・シラの書」にも見られる[2]）のキリスト教的思想である。このような罪性認識を前提した旧

約の「贖罪」思想を論じるとすれば、旧約聖書をきちんと精査した聖書学的な説明にはならないだろう。したがって、まず「贖う」という動詞の用例から考察を始めることにする。

ヘブライ語において、「贖う」という動詞は基本的に三種類ある。[3] ガーアル、パーダー、キッペール（カーファルのピエル形）である。多少辞書的な解説になることをお許しいただきたい。まず重要なのはガーアルである。これは、法的に買い取ることを意味する。イスラエルの共同体では、同胞の一人が貧窮して土地の所有権を手放すほか生きるすべがなくなった時、より近い親戚はそれを買い戻す義務を有する。この買い戻しが「贖う」（ガーアル）と表現されるのである。

もし同胞の一人が貧しくなったため、自分の所有地の一部を売ったならば、それを買い戻す（贖う）義務を負う親戚が来て、売った土地を買い戻さ（贖わ）ねばならない。（レビ二五・二五）。

この贖いがいわゆる法的な買い戻し（redemption）である。[4] ルツ記にその典型的な実例が見られる。かつて飢饉のために故郷を出て、隣国モアブの地に移り住んだエリメレクの妻ナオミ。彼女はやがてやつれ果てて故郷ベツレヘムに戻って来る。夫も、二人の息子も失い、何もかも失ってしまったかに見えたナオミだが、彼女の傍らにはモアブ人の嫁ルツがいた。この没落したナオミの土地を親戚のボアズが買い戻し、ルツを妻に迎えたのである。このボアズの買い戻しが「贖い」である（新共同訳では「家を絶やさないようにする責任を果たす」と訳される[5]）。ナオミはボアズによって贖われた。ボアズは「贖う者」（ゴーエール）である（三・九）。このような贖いは法的・律法的に取り戻すことであって、事柄からすれば、困窮や隷属からの解放を意味する。すなわち、ガーアルで表現される贖いは解放や救済と言い換えることができる。ガーアルは社会的・人道的な救済としての贖いである。この「贖う者」が、興味深いことに、ヨブ記一九章二五節では「わたしを贖う方（ゴーエール）は生きておられ（る）」というヨブの叫びとして表現される。

「贖う」を意味する動詞には、さらにパーダーがある。これは主として「買い戻す」と訳され（出二一・八）、ガーアルにニュアンスが近い。これもやはり法的・社会的な文脈で用いられる。パーダーは、しばしばガーアルとペアで用いられる（ホセ一三・一四、イザ三五・九―一〇）[6]。詩編に印象深い用例がある。

イスラエルよ、主を待ち望め。
慈しみは主のもとに
豊かな贖いも主のもとに。
主は、イスラエルを
　すべての罪から贖ってくださる。（一三〇・七―八）

ガーアル、パーダーが法的な贖いを意味するのに対し、キッパールは祭儀的な概念である。キッペールは宗教史的な観点から、神の怒りを宥めること（propitiation）が起源だと説明されることがあるが、果たしてこれが旧約にあてはまるかは定かではない。キッペールは語彙的にはもともと「覆う」という意味であったと考えられる。贖罪の献げ物によって人の罪を贖う場合にこれが用いられる。「イスラエルの人々のすべての罪による汚れと背きのゆえに、至聖所のために贖いの儀式を行う」（レビ一六・一六）。イスラエルの罪を「贖う」（キッペール）ことは、祭儀によってその罪を覆うということである。これは罪を取り去ると言い換えることもできる。すなわち、屠られた犠牲の動物が代償となって、人の罪は赦され、清められるのである。先のガーアルが意味した法的な概念とは異なり、キッペールは祭儀的であり、宗教的である。また、これは救済や解放ではなく、むしろ償い（atonement）、赦し、聖別という意味がふさわしい(7)。「贖罪」という字義通りの意味で考えるならば、キッペールの方が本来的とも言えるだろう。このキッペールについて象徴的なのは、契約の箱を覆う「蓋」のことが「贖いの座」（カポレト）と呼ばれるということである（レビ一六・一五）。

以上、旧約聖書の「贖い」において、この概念が救済と贖罪という二つの意味で使用されていることが確認できる。両者には決定的なニュアンスの違いがある。前者が社会的・人道的な射程を有するのに対し、後者は祭儀的・宗教的な射程を有する。興味深いことに、出エジプトの出来事がその両方の意味を含んでいる。というのも、出エジプトは奴隷状態からの解放であるが、同時に過越という贖罪の祭りの起源ともなるからである（出一二章）。この出エジプトの出来事がイスラエルのアイデンティティーに深くかかわっている以上、「贖い」という概念自体が社会的解放と祭儀的贖罪の二重性を保持するのであって、あれかこれかで説明するのは難しいとも言えるだろう。旧約聖書の「贖罪」は法的・社会的であると同時に祭儀的・宗教的なのである。

2　旧約における贖罪思想とメシアニズム

旧約聖書の贖罪思想がどのように新約聖書に繋がるかについて考察を進めるが、その前に、旧約聖書の「贖罪」について説明を加えておこう。旧約において贖罪は人道的な意味と宗教的な意味が結びついているのは確かだが、それを支える基盤としての「イスラエル」についてきちんと理解しておく必要がある。イスラエルは神の民としての契約共同体である。それは、出エジプト記が説明しているように、神がイスラエルを神の民として選び、イスラエルがそれに応答するという仕方で契約が結ばれたということだ。つまり、神がイスラエルを「贖い」、イスラエルが応答として「贖い」の儀式を遂行するのは、シナイ契約がイスラエルの存在基盤としてあるからである。言い換えると、旧約において契約は贖いの存在根拠であり、贖いは契約の存在目的である。契約共同体という存立基盤を失えば、イスラエルの贖いは意味を失う。これは新約聖書にも妥当する。

ところで、旧約聖書において贖罪思想の全体像を考察する際に重要となるのは、これがメシアニズムと密接に繋がっているということである。イザヤ書五三章に最もよく見られる。この「苦難の僕の歌」が旧約の贖罪思想の頂点にあるということは多くの旧約学者も指摘する。使徒言行録八章でも、エチオピアの宦官がこの旧約の預言を理解できぬまま朗読していた時に、フィリポはこれをナザレのイエスを指差すイザヤの預言として説き明かした。[8] このイザヤ書五三章については、苦難の僕として民の罪を贖う者の姿が一貫して読み取れる。「彼が刺し貫かれたのは／わたしたちの背きのためであり／彼が打ち砕かれたのは／わたしたちの咎のためであった」（五節）、「わたしの民の背きのゆえに、彼が神の手にかかり／命ある者の地から断たれた」（八節）、「病に苦しむこの人を打ち砕こうと主は望まれ／彼は自らを償いの献げ物とした」（一〇節）。著者である第二イザヤが預言するこの苦難の僕が果たして誰であるかは判然としない。第二イザヤ自身と見る説、[9] ヒゼキヤやゼルバベルなど歴史的人物を指すと見る説、[10] イスラエルの象徴と見る説[11]などがある。しかし、注目すべきことに、このテクストには「贖い」を意味する典型的な用語、ガーアル、パーダー、キッペールは一度も出てこない。贖罪という語彙から検索するならば、この「苦難の僕の歌」は検索からすり抜けてしまうのである。それにもかかわらず、このイザヤ書五三章には、イスラエルのために自らを投げ打ち、自らの命を代償としてイスラエルを贖おうとする「苦難の僕」の姿がくっきりと浮かび上がる。

　それならば、この「苦難の僕」は旧約聖書において単に特異な預言のテクストと理解されるべきだろうか。決してそうではない。イザヤ書五三章については、旧約聖書の中に伏線が認められる。出エジプト記三二章のモーセに関する記述がそれである。アロンが金の雄牛の像を刻んで礼拝した過ちに対して、モーセは自らを投げ打ち、必死になって民の罪を自ら贖（キッペール）おうとした（三〇節）。「どうかこのわたしをあなたが書き記された書の中から消し去ってください」（三二節）。この民の罪を贖わんとするモーセの姿はイスラエルのために懸命に執り成しをする指導者の姿であり、イザヤ書五三章の苦難の僕の姿と重なる。単なる偶然と思われるかもしれないが、決してそうではない。出エジプト記のモーセ像はイザヤ書と無関係ではない。イザヤ書六三章でモーセの名が記され、新たなモーセが「群れを飼う者」としてイスラエルに現れるという希望が語られるからである。そこでは「贖い主」（ゴーエール）という主の称号が際立つ（一六節）。そしてイザヤ書全体において、民の贖いをなす「苦難の僕」（五三章）と「贖い主」（六三章）とは救済史的な連続性を有するのである[12]。

これはイザヤ書だけに見られるのではない。旧約聖書においては、このような贖罪思想の枠組みにおいて、メシア思想が展開される。旧約聖書ではメシアは「油注がれた者」として王と祭司にあてはまるが、イスラエルに「贖い」をもたらす者として救済者（ダビデの子）がイスラエルに到来するというメシア思想もまた際立つ（エゼ三四・二三―二四）[13]。旧約聖書では贖罪思想とメシアニズムは本質的に連結して展開しているのである。すでに指摘したとおり、ヨブ記一九章には「贖う方」（ゴーエール）がヨブの断末魔の叫びとして記されている。ここはいわゆる解釈が難しい箇所だが、イザヤ書六三章の「贖い主」がそうであるように、この箇所においても終末論的救済者への希望が含まれていると読むことができる。このような旧約の贖罪思想の延長線上に原始キリスト教がある。ナザレのイエスの十字架上の処刑死は、罪ある人間を完全に贖うものと理解された。「人の子は……多くの人の身代金として自分の命を献げるために来たのである」（マコ一〇・四五）[14]。この新約聖書のキリスト論の背景に旧約聖書の贖罪思想が決定的な仕方でこだましている。

3　旧約における贖罪思想の射程の広がり

しかしながら、旧約聖書における贖罪思想の全体像を考える場合に、これまでの考察では説明しきれないものがある。それは、イスラエル契約共同体の基盤から抜け落ちる要素があるということだ。たとえば野の獣や動物も不思議なことに贖いの射程に入っている。ホセア書二章二〇節には「その日には、わたしは彼らのために／野の獣、空の鳥、土を這うものと契約を結ぶ」と記される。あるいはまた、ヨナ書四章一一節では、ヤハウェはニネベの民とその無数の家畜たちを惜しむ。これを例外的記述と退けることはできない。イスラエル契約共同体が基盤になって「贖い」が成り立つとしても、この贖いはイスラエルには限定されず、自然界に広がるのである。これはまた、旧約では贖いの対象がイスラエル民族のみならず、イスラエルに敵対するエジプトやアッシリアをも含むという驚くべき記述とも関係する（イザ一九章）。そうである以上、旧約の贖罪思想をイスラエルの贖いの範囲内で読み取るならば、旧約聖書の贖罪思想を正確に説明したことにはならない。ここに新たな課題がある。

重要なことは、旧約聖書における「贖い」という概念を改めて吟味し、再定義する必要があるということである。「贖い」の原理を再検討してみよう。贖いを意味するガーアル、パーダーが法的な買い戻しを意味し、またキッペールが祭儀的な償い、すなわち罪を覆い、取り去ることを意味することはすでに指摘した。この「贖い」の基本的原理は、事柄から言えば、「欠如態の補填」を意味し、それは調和を取り戻すことである。奴隷状態からの解放も、犠牲祭儀による贖いも、あるべき状態への回復である。失われた土地を取り戻して本来的状態に復帰させ（ガーアル）、イスラエルの犯した罪を動物犠牲によって償う（キッペール）ということは、バランスの回復と表現されるべきではないだろうか。これは、別の言葉で言い換えれば、シャロームにほかならない[15]。シャロームの語根である動詞シャーラムは回復する、補填する、充足する、調和をもたらす、という意味がある。シャロームはしたがって調和、回復、償い、和解、秩序、充足、平和である。不平等の是正、障碍者の支援もシャロームである。シャロームが旧約聖書では一義的に「平和」や「平安」と訳されるのは十分ではない。旧約において平和は、ただ単に戦争がないという意味ではなく、当事者間の均衡とつり合いの状態を意味する（フォン・ラート）[16]。戦争状態の中で平和を「取り戻す」ためにあらゆる和解の手立てが講じられる。その和解には犠牲や賠償が伴う。多くの血が流されることにとってシャロームが貫徹される。シャロームは犠牲を媒介にした秩序の回復と言ってよいだろう。コヘレトが「天の下の出来事にはすべて定められた時がある」（三・一）と語った最後をシャロームで締め括るのは象徴的である（三・八）。

旧約聖書の贖罪思想という文脈において、シャロームは「贖い」や「償い」を包摂する概念だと説明されねばならない。つまり、シャロームはガーアル、パーダー、キッペールを包含するのである。イザヤ書五三章の「苦難の僕の歌」において、「彼の受けた懲らしめによって／わたしたちに平和（＝シャローム）が与えられ」と表現されるのは（五節）、贖いの基本原理を説明している。このシャロームということが、旧約聖書の贖罪思想の射程の広さを理解する際に重要になってくる。終末において地上にシャロームがもたらされる時（イザ九・五―六）、自然界は変貌し、狼は小羊と共に宿るのである（イザ一一・六）。

このようなシャロームという視点で旧約聖書を読み直す時、旧約の贖罪思想は贖罪論や救済論だけでなく、さらに創造論とも密接な関係を有することに気づかされる。神が創造主として天地を創造された以上、その秩序とバランスを回復することは神の意志であり、それがまさしくシャロームだからである[17]。もっとも、その秩序回復を果たすことは人間の手に委ねられている。旧約では天地創造の記述がそうであるように、安息日を守ることが創造論の文脈の中にある（創二・三）。安息日（シャッバート）の語源は「止める」「放棄する」である。人間的活動を停止し、神を礼拝することが安息日を守ることである。この安息日（七日目）のサイクルは自然の安息にも繋がる。七年目には畑を休耕地とし、大地を自然に戻すのである（レビ二五・四）。それを七倍した聖なるヨベルの年は「贖罪日」に宣言される（同九節）。これもシャロームの原理から説明できる。自然の調和を取り戻すために、人間活動を停止し、自然は贖われる必要があるからである。このような旧約の創造論的な贖罪思想は、今日の生態学的な課題と直結している。旧約聖書の贖罪概念をシャロームという新たなパラダイムで捉え直すことは現代神学において極めて有効となる。

旧約聖書の贖罪思想が新約聖書の贖罪思想、とりわけキリスト論に決定的に影響を与えたことを先に述べたが、それは社会的解放や宗教的償いという射程を越えたところで、すなわちシャロームという基盤で成り立つ贖罪思想においても、新約聖書に作用していることを指摘しておかなければならない。ローマの信徒への手紙八章二三節でパウロが全被造物の滅びからの解放について語り、終末論的な「体の贖い」に触れるのは象徴的である。[18] なぜこのような終末論的な創造論をパウロが展開するかが重要である。ここに、旧約の贖罪思想がその創造論的・終末論的な広がりにおいて作用しているのは明らかである。[19] さらにまた、コロサイの信徒への手紙一章には、キリストが十字架の血によって万物を神と和解させ、平和をもたらすという際立った思想が見られる（エフェ二章参照）。これもまた「贖う者」（ゴーエール）がシャロームを与えるという旧約の贖罪思想の広がりから説明できるであろう。「贖う者」はまさしく「平和の君」と唱えられるのである（イザ九・五）。

4　結びとして

以上、旧約聖書の贖罪思想から新約の贖罪思想への道筋をつけ、また旧約の贖罪思想の射程の広がりを提示するという課題について、ある程度の道筋をつけることができた。旧約聖書の贖罪思想が現代のエコロジーの発想に繋がることは確かなことではある。しかし、自然世界のバランスを保持する生態学的課題だけを旧約聖書から引き出しても、それは旧約聖書をきちんと理解したことにはならない。旧約には基本的に「神の民」としての契約認識があるからである。この契約共同体を捨象して生態学的課題を語るならば、それは宙に浮いたユートピアを志向する如き空論となる。旧約における契約共同体は、シャロームという概念が契約共同体を相対化し全世界に普遍化される傾きがあるとはいえ、それ自体として否定されることは決してない。契約共同体の周辺部に普遍化されたとしても、神との契約関係は依然として実体を失わず、神の民イスラエルに保持されるのである。いわゆる祭儀的贖罪論（サクラメント論）が消滅することはないのである。この契約共同体の認識は新約にも移行しており、教会がこれを保持する。それゆえ、教会論が失われたところでは生態学的課題を現代の問題として共有することは難しくなるだろう。この意味において、モルトマンの生態学的神学は旧約贖罪思想の発展的系譜にあるとはいえ限界を有していることは指摘されなければならない[20]。

注

（１）本論文は、『福音と世界』二〇一六年一〇月号に掲載された拙論「旧約聖書の贖罪思想」に手を加えたものである。

（２）たとえば、「重い軛がアダムの子孫にのしかかっている。母の胎を出た日から、万物の母なる大地のもとへと戻るその日まで」（四〇・一）、「女から罪は始まり、女のせいで我々は皆死ぬことになった」（二五・二四）。

（３）J. Unterman, Art. Redemption, in: ABD 5, 1992, pp. 650-654 は、ガーアルとパーダーを共に redemption として説明し、キッペール（atonement）を除外する。しかし、邦訳聖書ではキッペールにもまた「贖う」という訳語があてられる。

（４）W・ブルッゲマン（小友聡／左近豊監訳）『旧約聖書神学用語辞典――響き合う信仰』日本キリスト教団出版局、二〇一五年、二一―二四頁は、redemption を「贖い」と訳し、atonement と区別する。

（５）たとえば、「わたしたちの家を絶やさないようにする責任のある人の一人です」（二・二〇）。なお、新改訳２０１７は「しかも、買い戻しの権利のある親類の一人です」（傍点筆者）と訳す。

（６）この二つの箇所ではパーダーは「解き放つ」と訳される。

（７）Ｗ・ブルッゲマン、前掲書、二四七―二四九頁は、atonement を「贖罪」と訳す。

（８）使徒言行録八章三二―三三節の引用文はギリシャ語の七十人訳イザヤ書五三章七―八節からの引用であって、末尾が略されている以外はほぼ忠実に引用されている。

（９）最近では、関根清三『旧約における超越と象徴――解釈学的経験の系譜』東京大学出版会、一九九四年、四〇九―四一一頁が編集史的に詳しく論じており、この解釈の線上に立っている。

（10）J. D. W. Watts, Isaiah 34-66（WBC25）, 1987, pp. 222-233 は「苦難の僕」をゼルバベルとして解釈する。

（11）ユダヤ教で一般的な解釈。

（12）これについては、田中光氏の学位論文「新しいダビデと新しいモーセの待望――イザヤ書の正典的《カノニカル》解釈」（特に、目次の４・２・２・３）が示唆を与える。田中光「インマヌエル預言における新しいダビデと新しいモーセ――イザヤ書七章一四節のカノン的解釈」『神学』八一号、二〇一九年、一一三―一三二頁も参照。

（13）「わたしは彼らのために一人の牧者を起こし、彼らを牧させる。それは、わが僕ダビデである。……また、主であるわたしが彼らの神となり、わが僕ダビデが彼らの真ん中で君主となる」。

（14）「身代金」リュトロンは、ヘブライ語コーフェル（＝キッペール）に由来する。ここでの「身代金」は贖罪を意味している。Ｍ・ヘンゲル（川島貞雄／早川良躬訳）『贖罪――新約聖書におけるその教えの起源』教文館、二〇〇六年、九四頁。

（15）これについては、Ｗ・ブルッゲマン（小友聡／宮嵜薫訳）『平和とは何か――聖書と教会のヴィジョン』教文館、二〇一八年を参照。

(16) G・フォン・ラート（荒井訳）『旧約聖書神学I――イスラエルの歴史伝承の神学』日本キリスト教団出版局、一九八三年、一八一頁。

(17) F. J. Stendebach, Art. שלום, in: TDOT 15, 2006, p. 18.

(18)「被造物だけでなく、〝霊〟の初穂をいただいているわたしたちも、神の子とされること、つまり、体の贖われることを、心の中でうめきながら待ち望んでいます」。

(19) 芳賀力『自然、歴史そして神義論――カール・バルトを巡って』日本キリスト教団出版局、一九九一年、三〇六頁では、聖霊論的コンテキストで読み解かれる。

(20) これについては、近藤勝彦『贖罪論とその周辺――組織神学の根本問題2』教文館、二〇一四年、三五頁。

第二部　旧約聖書と教会

第一章　旧約聖書の礼拝

1　はじめに

旧約聖書学において「礼拝の歴史」を説明するには困難な問題がある。それは、旧約聖書の記述を歴史として再構成することの難しさである。族長時代からユダヤ教時代まで礼拝の宗教史的発展の経緯を論説することは、現在の旧約聖書学においてはほとんど不可能と言うほかはない。とりわけ一神教の起源が問われる今日においては、そもそもヤハウェ礼拝がいつから始まったかが焦眉の問題である。けれども、ここではそのようなナイーブな史実的問題には触れずに、旧約聖書の伝承によればどのように「礼拝」の発展的経緯を辿れるかという問題設定をし、通説的な旧約時代史を手掛かりに考察していく。

2　旧約聖書における礼拝の歴史

(1)王国成立以前

王国成立以前には、礼拝は各地の聖所において祭儀として行われていた。族長時代については、その信憑性が問題となるが、氏族ごとに聖所において礼拝がなされた（創一二・六など）。「アブラハムの神」、「イサクの神」、「ヤコブの神」という神名は口伝段階ではそれぞれの部族神の名称であった可能性がある（出三・六、一五）。聖所の祭壇には石像や記念碑が置かれ（創二八・一八）、カナン宗教の祭儀と何らかの関係があったと思われる。

カナン定着時代には、ベテル、ベエル・シェバ、シケム、ギルガルなど地方聖所において祭儀が執行された。イスラエル十二部族連合（アンフィクチオニー）なるものが存在したことは証明できないが、そのような部族の連合体の中心聖所としてシケムが存在し、そこで礼拝祭儀が行われた。これは古代の犠牲祭儀や農耕祭儀の形態と結びついていたと思われる。しかし、この祭儀は伝承によれば契約更新祭であって、ヤハウェに対する民の信仰告白が礼拝の度ごとに表明された。まず、ヤハウェの法（十戒や契約の書など）が朗読され、それに対する民の厳粛な恭順表明、契約の締結という順序であった。この内容は、シナイ契約（出一九—二四章）やシケム契約（ヨシュ二四章）からある程度推測しうる。

⑵王国時代

王国時代の礼拝において重要なことは、紀元前一〇世紀にソロモンによってエルサレム神殿（第一神殿）が建設されたことである。いわば国家聖所としてエルサレム神殿は極めて重要な意義を有した。神殿の至聖所には、二つのケルビムの翼の下に神の箱が安置された（王上八・六―七）。それはヤハウェの王座であり、神臨在のしるしであった。神殿で執行される祭儀は犠牲祭儀（王上八・六二―六六）であるが、除酵祭、七週祭、仮庵祭（取り入れの祭り）といった年毎の農耕的祝祭もまた制度化し（出三四・一八―二四）、ツァドクの家系を中心とする祭司制度も整った（王上四・四、八・四）。

しかし、エルサレム神殿が唯一の礼拝場所であったわけではなく、地方聖所でも従来の祭儀が行われた。それはソロモン自身が宗教政策においてナイーブであったこととも関係する（王上一一・四―八）。ソロモンの死後、王国は二つに分裂した。南王国ではエルサレム神殿が国家聖所として求心力を保持したが、北王国ではすでに存在していたベテルとダンの地方聖所が国家聖所化し、エルサレム神殿を相対化する存在となった（王上一二・二八―三三）。申命記史家はこの北王国の礼拝形態を偶像崇拝とみなし、厳しく断罪している（王上一三・三三―三四「ヤロブアムの罪」）。記述預言者も北王国の異教的祭儀を徹底的に批判した（ホセ四・一二―一四、アモ二・八、五・二一―二七。なお、イザヤ書一章一一―一七節では南王国の祭儀も批判される）。

王国時代の礼拝史において決定的に重要な出来事は、北王国滅亡の後、紀元前六二二年に南王国のヨシヤ王が宗教改革を断行したことである。彼は異教的習慣がはびこる地方聖所での礼拝を一掃し、エルサレム神殿を唯一の礼拝場所とした（王下二三章）。エルサレム神殿はヤハウェが住む唯一の場所となった。この改革において、祭儀の中心は過越祭となり、出エジプトの出来事と結びつけられた（王下二三・二一―二三）。ヨシヤ王の改革は彼の戦死によって挫折するが、共同体全体がエルサレムの神殿礼拝に徹底的に集中するという決断は、ヤハウェ宗教を決定づける意義を有した（たとえば、使徒言行録二章五節以下でディアスポラのユダヤ人がエルサレム神殿に巡礼している）。

詩編についても触れておく必要がある。詩編の成立期を王国時代に設定することは必ずしも適当ではないが、幾つかの詩編は明らかに礼拝式文として用いられ、第一神殿時代の背景をほのめかす。たとえば、典礼歌として知られる二四編や八一編が挙げられる。そこでは、神殿礼拝において祭司と礼拝参列者との交唱形式が見られる。「王の詩編」（二、一八、二〇、二一編など）や「巡礼歌（都に上る歌）」（一二〇―一三四編）という類型にあてはまる詩編も同様に礼拝式文として使用されたものである。「王の詩編」は後にはメシアの到来を待望する信仰に鼓舞されて用いられた。

(3)捕囚期

捕囚期は旧約聖書の礼拝史において、決定的な意味を有する。それは、ヤハウェ礼拝の場所の消滅という破局的出来事から捕囚期が始まるからである。紀元前五八六年、バビロニア軍の侵攻によるエルサレム神殿の崩壊は、南王国ユダの滅亡を象徴する出来事であっただけでなく、ヤハウェが住まう場所を失ったことを意味した。神殿が存在しない以上、祭儀は執行できず、祭司制度もまったく機能しない。多くの民はバビロンに捕囚として連れ去られ、ヤハウェ礼拝は不能となった（王下二五章）。この破局的現実によって祭儀中心の礼拝観はまったく実体を失い、著しい精神化を余儀なくされる。この現実を克服するために、生き残った民は二つの神学的解決を企てた。一つは申命記史家の神学であり、もう一つは祭司文書編集者とエゼキエルの神学である。

申命記史家（Ｄ）によれば、神殿消滅によってヤハウェ（万軍の主）は住まう場所を失ったが、天に座したのである。それによって申命記史家は、主の御名がエルサレムに留まる、と説明した。申命記史家は「神の名」の神学によって克服を図ったのである。一連の申命記的歴史書（ヨシュア記、士師記、サムエル記上下、列王記上下）にはその神学的意図がはっきりと見出される。たとえば、列王記上八章三五節以下で、ソロモンが「あなたの民が神殿に向かって祈り、御名をたたえるときに、あなたは天にいまして耳を傾けてください」と祈ったことが記される。ヤハウェは神殿にはおらず天におり、御名をたたえる民の祈りを聞くのである。礼拝において「言葉」が決定的に重要となる。これは明らかに申命記史家の神学を反映している。この申命記神学は神殿を理念化し、犠牲祭儀によらず、神の名を呼ぶ「祈り」による礼拝を可能とさせた（たとえば、ダニ六・一一）。

祭司文書編集者（Ｐ）もこれと類似した神学的解決を試みた。エルサレム神殿の消滅によって祭儀不能となったけれども、祭司文書編集者は「天幕」において神の栄光が民に留まった荒野の放浪時代を理想化し、それによって神殿なしの現実の克服を図った。実際、祭司文書では「主の栄光」は共同体の危機において現れる（出一六・七、一〇、民一四・一〇、一六・一九、一七・七、二〇・六）。ヤハウェの現臨する天幕が絶えず荒野を移動したように、神の栄光はエルサレムを去ったとしても一時的なのであって、また再び戻って来るのである。この「神の栄光」の神学は捕囚期の預言者エゼキエルにも認められる。彼は新しいエルサレム神殿の幻において、イスラエルにおける「神の栄光」の回復を見た（エゼ四〇―四八章）。

これらは神殿礼拝の不能を解決するための神学上のコペルニクス的転換だったと言ってよい。このような捕囚期の神学は、「祈り」を重要な要素とする後代のシナゴーグ（会堂）礼拝を生み出す思想的基盤となった。また、哀歌や詩編の「民族の嘆きの歌」なども、この捕囚期を背景にした礼拝の形態をほのめかしている（詩四四、七四、七九、八〇、一三七編など）。

⑷捕囚後

バビロン捕囚は紀元前五三八年、キュロス王の解放による捕囚民の帰還によって終わった。その後の紀元前五一五年、エルサレム神殿は再建された（第二神殿）。七〇年の空白期間を経て、ようやく神殿祭儀が復興し、祭司やレビ人から成る祭司制度も復活した（代上二三―二四章）。エズラ記はこの神殿祭儀の再開を印象深く記述している（七・一七―二六）。紀元前五世紀、神殿を中心にしたユダヤ教団が成立する。祭儀礼拝の規定遵守が厳格に義務づけられた。一方、ディアスポラ（離散）のユダヤ人たちによってシナゴーグ礼拝がユダヤ教の新たな礼拝形態として成立した。そこでは、祭儀なしで律法（トーラー）の朗読が中心となった。詩編が編纂されたのはこの時期である。ハレルヤ歌集

（一四六―一五〇編）という頌栄で締め括られる詩編は、それ自体として礼拝での使用を意図している。捕囚後の文書としてはヨブ記が挙げられる。これは、不条理の現実における礼拝者の苦悩と救済を主題とする（一・二〇―二一、四二・一―六）。

3　旧約聖書における礼拝の神学的特質

旧約聖書における礼拝の特質として幾つかの点を指摘することができる。ヤハウェが礼拝されること、エルサレム神殿が唯一の礼拝場所とされること、罪の贖いとしての犠牲奉献が祭儀の中心であること、農耕祭儀（除酵祭、七週祭、仮庵祭など）が定期的に行われること、祭司およびレビ人を構成員とする祭司制度があること、安息日が厳守されること、などである。しかし、キリスト教信仰においてわれわれが最も重要と考えるのは、旧約聖書の礼拝がヤハウェとイスラエル共同体との契約を成立させる決定的に重要な形態だということである。しかも、それは共同体全員が出エジプトという救済の歴史的出来事を絶えず想起し、それを現在化するという仕方で執行される。ここに、旧約聖書における礼拝の神学的特質がある。

このことを出エジプト記一二章が明らかにする。そこでは、エジプト脱出という歴史的出来事が叙述される中に、突然、過越祭の祭儀的記述が入り込み（一―二七節）、礼拝と歴史が渾然一体となる。出エジプトという過去の救済の出来事が過越祭という礼拝において現在化するのである（二四―

二七節）。しかも、ここにおいて注目されるのは「壮年男子だけでおよそ六十万人であった」という記述（三七節）であって、これはイスラエル共同体の全員がこの救済の出来事に参加している事実を物語る（四七節）。このように、イスラエルの共同体は礼拝において、かつて起こったヤハウェの救済の大いなる出来事を、常に、今、ここで体験するのである。その際に贖いのしるしとして動物を屠り、犠牲を捧げることは過越の重要な要素であった（二一節）。このような礼拝形態はイスラエルの共同体がヤハウェとの交わりの回復を確認するものであり、まさしく契約更新祭と言ってよい。これが過越祭であって、旧約聖書の礼拝の本質を語っている。これは新約聖書の礼拝観の神学的基盤となった。

第二章　愛と法――旧約聖書のコンテキストにおいて

１　はじめに

今回の教職セミナーは「愛と法」という主題を掲げている。この主題を論じるにあたっては、さまざまなアプローチが可能である。われわれは旧約聖書のコンテキストからこの主題を論じる。旧約聖書から「愛と法」について何を語れるか、また「愛」と「法」がどうかかわるかについて考える。セミナーの主題講演として果たしてふさわしいとは言えないかもしれないが、旧約聖書学の学術論文の如くに煩瑣な議論をするつもりはない。われわれは旧約聖書学の領域でだけ考察するのではなく、出来る限り神学の他の諸領域と対話することを意図している。したがって、旧約神学プロパーの領域から多少逸脱する議論もすることになる。われわれが最終的に目指すのは、この「愛と法」という主題を論じることによって教会の形成に資することである。

2　概念的考察

「愛と法」を論じるにあたって、まず「愛」とは何か、「法」とは何か、それぞれの概念の定義から始めなければならない。われわれはいきなり教義学的に概念定義をしようとは思わない。われわれの関心は、あくまで旧約聖書からどう考えうるかである。われわれはまず旧約聖書から「愛」と「法」の語義について考察する。

(1) 愛

愛とは何か。ニーグレンは「愛」について、ギリシャ語のアガペーとエロースを区別し、神的愛と人間的愛の本質の違いを説明する[1]。それが、一般的な共通理解となっているようである。けれども、旧約の「愛」の概念にそのような区別を見出すことは難しい。そこで、旧約における「愛」とは何かを考える。

旧約で「愛」を表現する語彙は幾つもある。その中で、中心的な語は אהב（アーハブ）と חסד（ヘセド）であろう。とりわけ、アーハブは動詞として最もポピュラーである。このアーハブはギリシャ語のアガパオーなどとは異なり、神的愛についても人間的愛についても区別されずに用いられる。アーハブ／アハバーを類型的に考察しておこう[2]。

まず、第一に人間関係における愛について。旧約では恋愛や友情、親子愛も אהבה（アハバー）で表現される。たとえば、夫婦愛としてはエルカナとハンナ（サム上一章）、恋愛ではヤコブとラケル（創二九章）、友情ではダビデとヨナタン（サム上二〇章）が挙げられる。それぞれ、愛の実例として美しく、印象深いものがある。さらに、愛を歌う雅歌には、「愛は死のように強く……大水も愛を消すことはできない」（八・六―七）。ここには人間の愛（アハバー）を無条件に肯定する響きがある。けれども、旧約が描く人間の愛は模範的であるとは言い難いものがある。それどころか、そこには多くの悲劇や破綻が生じる。たとえば、サムソンとデリラがそうであり、アムノンとタマルの場合もそうである。アムノンは異母妹タマルを陵辱したとき、「その憎しみは、彼女を愛したその愛よりも激しかった」と記される（サム下一三・一五）。旧約では人間の愛（アハバー）はしばしば不完全で脆い。けれども、この人間の愛に否定的意味は微塵もない。

第二に人間の宗教性を示す愛について。動詞 אהב（アーハブ）には宗教性を示す用例も多い。申命記六章に有名な言葉がある。「あなたは心を尽くし、魂を尽くし、力を尽くして、あなたの神、主を愛しなさい」（五節）。神は人間に対して愛を求める。それは契約を基盤にしているからである。イスラエルはかつて神によってエジプトから救い出された。その導き出してくださった主と契約を結び、神の民となったイスラエルはその救いへの応答として、神を愛することを約束するのである。これは、十戒（申五・六―二一、出二〇・二―一七）と密接に関係している。この十戒もまた神による救いへの応答であって、とりわけその前半は「神を愛すること」を内容としているのである。さらに、旧約では神を愛することと並んで、隣人を愛することが強く求められる。十戒の後半がその内容である。それは、「自分自身を愛するように隣人を愛しなさい」という言葉に要約される（レビ一九・一八）。旧約では、隣人愛もそれが神の命令であるゆえに宗教性を有していると言ってよい。

第三に神の愛について。旧約のアハバーにおいて、神がしばしば愛の主体になる。典型的なのは申命記七章八節。「ただ、あなたに対する主の愛のゆえに、あなたたちの先祖に誓われた誓いを守られたゆえに、主は……奴隷の家から救い出されたのである」。イスラエルが選ばれたのは、イスラエルが選ばれるに値する優れた価値を有していたからではない。神はただご自身の愛のゆえにイスラエルを選んだのである。その意味で、この「神の愛」は一方的だと言わなければならない。その愛には、愛される資格や価値は必要とはされない。これはギリシャ語のアガペーに似ている。このような無償の「神の愛」は預言者の言葉の中に鮮明に現れる。神はホセアにこう命じた。「行け、夫に愛されていながら姦淫する女を愛せよ」（ホセ三・一）。これは、ホセアへの命令を超えて、イスラエルに対する神の愛を象徴するものである。この אהבת יהוה（主の愛）において、愛するに値しない者をそれにもかかわらず愛し抜く神の愛が強烈に表現される。背かれてもなお神はイスラエルを見捨てず、愛し抜こうとするのである。

以上、旧約のアーハブ／アハバーの用例においては、愛の主体が人間の場合と神の場合とで類型的に区別できるが、いずれの場合でも極めて情緒的な要素を有する。重要なことは同一の用語で表現されるということである。アハバーという旧約で最もポピュラーな愛の概念においては、人間の愛も神の愛も同質のものとしてこの概念に包含される。ヘブライズムの特徴である。

⑵ 法

旧約において、法とは何であろうか。日本語では、法は法律という意味領域だけでなく、もっと広い意味で秩序や制度、規範を含む概念である。[3] 旧約において考えても、「法」Recht/Gerechtigkeit はトーラーや律法という意味だけでなく、さらに広い意味で社会秩序や共同体的規範として考えるべきであろう。これをヘブライ語にあてはめてみると、「法」は משפט（ミシュパート）や צדקה（ツェダカー）という用語で説明するのが妥当である。それならば、ミシュパートとはいったいどういう概念であろうか。

ＢＤＢによれば、ミシュパートは(a)神による審判や裁き、(b)正義や支配、(c)秩序、(d)法廷での判決、(e)権利や義務、(f)礼儀や慣習、という意味内容を有する。[4] 宗教的領域だけでなく、政治的・社会的領域、法廷的領域、さらには倫理的領域をも含むのである。この中で、際立つのは何よりもまず「神による審判や裁き」であろう。この宗教的な意味領域で用いられる場合が最も多い。出エジプト記二〇章二二節以下のいわゆる「契約の書」にはミシュパーティームと呼ばれる法集が含まれる。この「契約の書」には宗教的な規定と社会的な規定が記され、イスラエル共同体で遵守されるべき基本的な定めが提示される。しかも、そこには違反した場合の罰則の規定が目につく。これは周知のとおり、基本的には「目には目、歯には歯」という同害報復法（タリオ）である。これがいわゆる「律法」としてキリスト教世界で否定的な評価をされてきたことは言うまでもない。

けれども、ミシュパートが刑罰という否定的な意味領域を基本とすると考えるならば、間違いである。これについて、Ｌ・ケーラーは名著『ヘブライ的人間』の中で重要な指摘をしている[5]。

ヘブライ語で裁く〔シャーパト〕という時にはいわゆる不法行為を確認して、その確認を基に判断し有罪を宣告することを意味せず、かえって「裁くこと」は「助けること」と平行概念なのである。「みなしごを裁け」と預言者は言う（イザヤ書一・一七）。その意味は「みなしごに有罪判決を下せ」ではなく、「みなしごを助けて、その権利を守れ」である。また「神よわたしを裁きたまえ」は詩篇記者の訴えとして四回ほどでてくる（七・八〔七・九〕、二六・一、三五・二四、四三・一）が、これも罪を告白しその身に受くべき罰を求めた者の願いではなく、迫害された者が自分の弁護者を求める叫びなのである。この言葉の意味する内容を知るなら、なぜあの王国誕生前のイスラエルの各部族や集団を外国勢力から救った人物を「士師《さばきづかさ》〔ショーフェート〕」(Richter)と呼ぶのか、その理由がはっきりしてくる。彼らは判決を下す者ではなくて「救助者」であり、その場合に戦争というものが権利獲得の手段とみなされている。

このケーラーの説明はミシュパートの基本的意味を的確に指摘している。ミシュパートにおいて、厳しく「罰する」ということと「救助する」ということは本来同一だということである。驚くべきことだが、これをいったいどう説明したらよいだろうか。それは、ミシュパートが調和やバランスという内在原理に基づき、またそれを目指している概念だと考えれば理解可能である。あるいは、抽象概念ではなく作用磁場のようないわば関係概念として説明すべきであろう(6)。ツェダカーも同様である。調和が失われた状況において、その回復を図るためにミシュパートが作用するのである。損失を受けた者はそれを補填され、また損失を与えた者はその損害を補填しなければならない。それが調和の回復であって、そこにミシュパートの意味領域がある。その場合、被害者は救済され、加害者は刑罰を受けるゆえに、意味は逆転する。ミシュパートが状態概念ではなくて関係概念だというのはそういうことである。それぞれが受ける「救済」と「裁き」が共にミシュパートの示す内容なのである。これについてリートケは動詞シャーパトの意味はもともと「裁く」ではなく、中立的に「支配する、統治する」であると説明している(7)。いずれにしても、語のニュアンスを決定するのは語そのものではなく、文脈ということになる。ミシュパートは社会的秩序を回復するという目的において用いられる概念である。これが旧約において「法」という概念を最もよく説明する用語である。

(3)愛と法

それでは、「愛」と「法」は旧約聖書ではどこで、またどのような仕方で接点を有するだろうか。われわれは先に「愛」（アハバー）について論じたが、このアハバーに法的な性質は見られない。旧約において「愛」と「法」の接点として重要なのは、先ほど指摘した申命記七章である。そこは神の愛について記され、またイスラエル共同体の根源的秩序の成立について語られる箇所である。そこでのイスラエルに対する神の選びにおいて、神の「愛」（アハバー）は選びの根拠とされている。神はイスラエルを「愛する」ゆえに選んだのである。その意味において、アハバーは契約の原因を示すと言える[8]。契約は神とイスラエルの関係において成り立つ法的な仕組みであって、その契約において神のミシュパートが作用するのである。そこで、われわれが注目するのは חסד（ヘセド）という概念である。

ヘブライ語のヘセドは「憐れみ」「慈しみ」と訳されるが、この「憐れみ」や「慈しみ」には「愛すること」も含まれる。その意味では確かにアハバーと似ている。けれども、われわれが注目するのは、このヘセドがアハバーとは異なって共同体的な意味領域を有するということである。ヘセドはBDBによると、その主体が人間の場合と神の場合に大別される[9]。人間の場合には「親切」や「優しさ」という意味で用いられるが、神の場合には神の「慈愛」という意味であり、しかもとりわけ契約との関係で使用されることが多い。申命記七章においても、「主は……契約を守り、慈しみを注がれる」と繰り返される（九、一二節）。アハバーによってイスラエルを選んだ神が、契約を守ってイスラエルにヘセドを示すのである。したがって、アハバーが契約の原因を示すなら、ヘセドは契約を存続させる手段だと言うことができるであろう[10]。

「愛」についてはヘセドとアハバーの間に微妙な差異が存するが、その意味領域の相違を詳細に論じることはここでの関心事ではない。重要なことは、ヘセドという概念が多くの場合、契約を前提とし、契約を土台とした法的な意味領域を有するということである。[11] たとえば、イザヤ書にヘセドの用例は八箇所ある（一六・五、四〇・六、五四・八、一〇、五五・三、五七・一、六三・七に二回）。そこに出てくるヘセドは、いずれも神が主体としてイスラエルに示す「慈しみ」であって、それは明らかに契約（シナイ契約）を前提している。とりわけ、五四章一〇節と五五章三節では「永遠の契約」が根拠となってイスラエルにヘセドが示される。それは、バビロン捕囚期においてなお神がイスラエルとの歴史的契約（シナイ契約）の遵守を意図し、イスラエルを見捨てない強い意志をほのめかしている。これはすなわち、イザヤ書のヘセドが契約の破局という否定を媒介にした特徴的な概念だということをわれわれに説明する。

これについてもう少し説明を加えておこう。イザヤ書の八つのヘセドの用例において例外は四〇章六節である。直訳すると、「そのヘセドのすべては野の花のようなもの」となる。新共同訳はこれを「永らえても、すべては野の花のようなもの」と意訳した。この「ヘセド」の用例は、分類すると、神ではなく人間が主体となる「ヘセド」の用例に属する。問題は、このヘセドを「慈しみ」と訳すことはできないということである。このヘセドを正確に翻訳することはなかなか難しい。けれども、すでに指摘したとおり、もともとヘセドが契約を前提とした概念であり、また契約に対する誠実さを意味している、と理解するならば、この四〇章六節のヘセドは「契約に対する人間の誠実さ」を示すと理解するのが自然である。[12] したがって、そのようなヘセドが「野の花のようなもの（＝はかなさ）」であるゆえに、四〇章六節は人間が神との契約を履行する困難を表現している、ということになる。けれども、決定的に重要なのは「神の言葉はとこしえに立つ」という結論である（四〇・八）。すなわち、逆説的ではあるが、ここでも否定を媒介にして神のヘセド（慈愛）が際立つのである。要するに、このヘセドも契約を前提とした概念であることは間違いない。

このような認識に立つならば、旧約のヘセドという概念は、それ自体において「愛」と「法」の接点として機能していると見ることができる。神が契約を履行する手段がヘセドだということである。したがって、このヘセドをきっぱりと「契約の愛」と呼んでもよい。契約は契約である限りにおいて、それへの「愛」が要求される。神がイスラエルに「愛」を示したように、イスラエルも神に「愛」を示すのである。この「愛」がヘセドである。それは夫婦相互の愛と同質のものである。旧約では婚姻関係が神と民との契約の象徴であるが、人間のヘセドは脆く、破れがある。けれども、契約は絶えず保持されねばならない。契約を契約として保持するために神のミシュパートが作用する。すなわち、歴史的には捕囚という出来事がそうであったように、契約が履行されず秩序が損なわれるとき、それを回復するために神はミシュパートにしたがって行動するのである。そのミシュパートを「裁き」として否定的に捉えることはできるが、ミシュパートの本質はあくまで神が契約を保持しようとするところに見られねばならない。いずれにせよ、契約においてヘセドとミシュパートは結び合う。言い換えると、「愛」と「法」は契約において出会うのである。それは、旧約においてヘセドとミシュパートがしばしば並行句を作ることからも説明できる。その用例を二つ挙げよう。

人よ、何が善であり
主が何をお前に求めておられるかは
お前に告げられている。
正義〔ミシュパート〕を行い、慈しみ〔ヘセド〕を愛し
へりくだって神と共に歩むこと、これである。（ミカ六・八）

主よ、あなたの慈しみ〔ヘセド〕は天に……
あなたの裁き〔ミシュパート〕は大いなる深淵。（詩三六・六―七）

前者の用例は契約における人間の責務を示し、後者の用例は契約における神の責務を表現している。契約という磁場において、愛と法が結び合うのである。以上、旧約のヘブライ語の概念から「愛と法」について考察するならば、「愛」と「法」は契約を磁場として結びつき、しかもそれはイスラエルの歴史と密接にかかわっている。そこに旧約における「愛と法」の特徴があると結論づけることができる。このような「愛と法」を示す物語として士師記一一章のエフタ物語が挙げられるだろう。エフタは娘を犠牲として捧げるが、そこでのエフタの愛、そしてまた娘の愛は契約を遵守する法とのかかわりにおいて生きている。これは不条理な物語として読まれるが、エフタと娘との契約に対する誠実さが見逃されてはならない。

3　人称的考察

われわれはヘブライ語の概念から愛と法について考察したが、次に旧約聖書における人称問題に注目して愛と法についてさらなる考察をしよう。人称の問題がわれわれの課題に解答を与える手掛かりになると思われるからである。

(1)　一―二人称的世界

旧約における人称問題にアプローチする場合、まず注目したいのは「われ・なんじ」としての一―二人称の世界である。すなわち対話の世界である。M・ブーバーは名著『我と汝』において、一―二人称の世界の特徴について論じている。それは旧約におけるヘブライズムの一端をよく説明してくれる。

ブーバーによれば、「われ」と「なんじ」の関係が人間の根源的世界を示す。この「われ」と「なんじ」の関係は、もう一つの「われ」と「それ」の関係を排除する宗教的な世界をほのめかす。「われ」と「なんじ」の関係は決して経験には還元されず、時空には関連しない[13]。それは永遠の出会いとして現出する。しかも、「なんじ」の呼びかけに応答するときに初めて「われ」が認識されるのであって、逆ではない。この「なんじ」が「われ」にとって人格的存在であり、究極的には神を指すことは言うまでもない。ブーバーにおいて神は個的存在ではなく、人間が全存在をもって語りかける人格的存在である。「われ」と「なんじ」の世界は非常に崇高な世界である。この「われ」と「なんじ」の人称的世界において、旧約における神と人間の関係が説明できる。シナイ契約の中心である十戒の序言に注目しよう。

「わたしは主、あなたの神、あなたをエジプトの国、奴隷の家から導き出した神である」。（出二〇・二）

これは、神がイスラエルをエジプトから救出した宣言の言葉である。主は「われ」として呼びかける。そこでは、「われ」は「なんじ」に入れ替わり、その「なんじ」が「エジプトから救出した神」として「われ」（イスラエル）に語りかけるのである。これが十戒の劈頭である。強烈な一――二人称的文体において十戒は始まる。神は「われ」として「なんじ」の前に現れる。イスラエルは「なんじ」である神から呼びかけられ、その呼びかける「なんじ」の前に「われ」として立つのである。この対話において旧約の世界の本質が説明される。それは神が人に示し、人が神に示す「愛」の相互関係をも説明している。宗教的には「愛」は「われ」と「なんじ」の関係においてのみ成り立ち、「われ」と「それ」の関係においては「愛」は失われるのである。その意味において、旧約では「愛」は人格的に機能するのみならず、宗教的な意味を有している。

この関連において重要なのは「顔」פנים（パーニーム、複数形）という言葉である。旧約において「顔」は人格的意味を有する。[14] Ｅ・レヴィナスは「顔」を強烈な他者性現出の契機として説明し、ブーバーの「われ・なんじ」の神秘主義的傾向に制限を加えた。[15] レヴィナスによれば、他者こそが主体であって、自己は主格とはならず、常に他者の対格である。[16]「顔」はそのような他者の超越性を説明するものとなる。[17] レヴィナスの「顔」論の根拠はもちろん旧約である。ヘブライ語で「顔の前で」という表現は、「面と向かって」「正面で」「目の前で」という対話的性質を示す表現であるが、しばしば「神の御前で」という意味で用いられる。周知のとおり、旧約では神の姿を見ることが決してできない（出三三・二〇）。それにもかかわらず、「神の御顔を見る」という表現が詩編では頻繁に用いられる（四二・三ほか）。この「御顔」は十戒の第一戒にも出てくる。「あなたには、わたしをおいてほかに神があってはならない」（新共同訳）。

直訳すると、これは「あなたには、わたしの顔の前で、ほかの神々があってはならない」である。[18] על־פני（「わたしの顔の前で／わたしの顔に向かって」）は神の人格性をほのめかす表現である。[19] そこにイスラエル（あなた）が全存在をもって神の臨在の前に立つという状況が際立つ。けれども、それだけで説明しきれないものがある。この「顔」は同時に礼拝を指していると言わざるを得ない。「神の顔」という表現は神を人格的に表現しているだけではなく、人が全存在をもって神を礼拝することを示している。人は、礼拝において、見ることができぬはずの神の顔を仰ぐ以上、「顔」は礼拝的用語だと理解されなければならない。[20] 対話性が宗教性と直結するところに旧約の特徴がある。[21] 一—二人称的世界はただ単に対話的世界として説明されるべきではなく、神礼拝という崇高な宗教性を示している。このような「われ」と「なんじ」の関係によって成立する世界が旧約の基本的世界だと言ってよい。

(2) 三人称的世界

「われ」「なんじ」の一―二人称的世界において共同性の欠如を指摘したのはベルジャーエフである。彼は名著『孤独と愛と社会』の中で、「われ」の孤独性を指摘し、「なんじ」に出会うのは「われ」ではなく「われわれ」であるとして、そこに Gemeinschaft としての共同体（教会）を位置づけた。[22]「それ」としての社会は Gesellschaft であって、そこには孤独しかない。ベルジャーエフにとって共同体はあくまで一―二人称的世界でなければならない。

けれども、一―二人称的世界において、すなわち、人格的対話においてのみ成立する世界は極めて主観的な世界である。「われわれ」という共同体認識は重要ではあるが、「われ・なんじ」を「われわれ・なんじ」と言い換えたとしても、その「われわれ」は原理的には「われ」の延長線上にあるのではなかろうか。ベルジャーエフは「われ」を「われわれ」に投影しただけであって、そこに主観性の限界を見なければならない。確かに、他者（なんじ）は人格的に、顔と顔を合わせることにおいて自己（われ）と出会う存在である。それを手段とはせず、自己と同等の、いやそれ以上の掛け替えのない存在である他者に出会うところに「愛」が成立する。けれども、「われ」（われわれ）と「なんじ」しか存在しない一―二人称的世界に「法」は場所を有しないのである。「法」は客観的に、すなわち、徹頭徹尾三人称的に作用するからである。ブーバーによれば、「法」は「われ・それ」の世界に属するゆえに価値を持たない。しかし、「法」が退けられ「愛」のみが成り立つ世界は果たして現実性を保持するだろうか。そのような世界は、すべてが無条件に許容されるいわば母子関係でのみ成り立つような未成熟で未定形な世界にすぎないのではなかろうか。一―二人称的世界に埋没し、三人称的世界を排除したところに共同体が成立するとは思われない。

旧約聖書は基本的に一―二人称的世界を基盤とした強烈な宗教性を示している。けれども、それだけで旧約を説明することはできない。「法」が機能する三人称的世界がやはり強烈な仕方で現出するからである[23]。いや、それどころか旧約ではむしろ「法」が基盤となって、「われ・なんじ」の世界が成り立つのである。それは、十戒においてもそうである。先に、十戒の序言（出二〇・二）が一―二人称で表現されることをわれわれは指摘した。しかし、十戒はすべて「われ・なんじ」の関係においてのみ記述されるのではない。二〇章六節まで、すなわち第二戒まで神は「われ」として語るが、七節以下では神は三人称に変化する[24]。十戒では神は一人称で語るのを止め、「主」あるいは「神」として三人称で語るのである。それが十戒の最後まで続く。

十戒は「われ・なんじ」の関係だけではなく、「われ・それ」の関係において表現される。それは確かなことである。三人称で語られる神は「法」の存在をほのめかす。十戒はそもそも全イスラエルを対象にした「法」である。十戒ではこの三人称の「法」が機能しているのである。したがって、十戒は一―二人称で表現されることが殊更に強調されるべきではない。むしろ三人称で表現されるべき

「法」が「われ・なんじ」の関係で表現されることこそが重要なのである。それは、いわゆる「契約の書」の多くの部分（出二一・一―二三・一六＝ミシュパーティーム）が三人称の法文として記述されていることからも説明される。

そもそも法は常に三人称で記述される。旧約では断言法と決疑法の区別がしばしば指摘され、前者が旧約固有のものとされた。[25] けれども、そのような区別によって旧約の「法」の客観性が曖昧になることはない。古代オリエントのハンムラビ法典がすべて三人称で記述されるように、旧約でも「法」はあくまで「法」として機能する。それは厳然とした事実である。けれども、その「法」が「われ・なんじ」において、すなわち神がイスラエルに対して顔と顔を合わせて語るところに旧約の特徴がある。その意味において、「愛」が「法」に常に優先すると判断するのは誤りである。旧約では「法」が「愛」において語られ、「法」が「愛」において実現するのである。目指されるのは「愛」ではなく、「法」である。

(3) 契約共同体

「われ」と「なんじ」の関係は神とイスラエルの関係をほのめかすが、それは神と「われ」との実存的な契約関係を示している。「われ」は神の前に単独者として立つ存在だからである。そのような「われ」と「なんじ」の関係において個人倫理としての「契約」は成り立つ。けれども、個人倫理としての契約は契約共同体の形成を目的とはしない。個人倫理は個人倫理で完結するからである。個人倫理の原理は相互性という広がりを有するが、それは旧約における契約共同体の原理ではない。すなわち、旧約聖書において神は個人と契約を結んだのではなく、イスラエルという共同体（民）と契約を結んだのである。(26) まず神は共同体と契約を結び、その共同体において個人が意味づけを与えられる。契約は徹頭徹尾、共同体を基盤とする。それが旧約における契約である。契約において個人が主体となるのではない。あくまで共同体が主体なのである。もしこれが逆転すれば、たとえば次のような論理が可能となるだろう。「教会の牧師や信者には愛が欠けているから、私は教会には行かずに、自分で礼拝をして信仰生活を送る」。しかし、契約共同体の原理において、このような個人主義は成り立たない。

「われ」と「なんじ」の関係だけでは契約共同体は成り立たない。そこにブーバーやレヴィナスの限界がある。レーヴィットはハイデガーの現存在認識を批判し、他者に開かれた相互主観性を提示したが、それはあくまで現象学的主観性において他者認識を意味づけたにすぎず、共同体認識は希薄である。(27) 契約共同体は「法」によって成り立つのであって、相互主観性という射程しかない個人倫理とは異質なのである。ブーバーにせよレヴィナスにせよ、他者性を二人称としてのみ捉え三人称を排除した点にユダヤ的知性が指摘できるが、それによって「法」の客観性を曖昧にしているのは見逃せない。(28)

契約共同体を形成するのが「法」である。それがブーバーの「われ・なんじ」の世界には決定的に欠如している。(29) もう一つ、ブーバーの「われ・なんじ」に欠如しているものがある。それは歴史性である。「われ・なんじ」の世界は超越論的に、すなわち無時間的に機能するが、そこには歴史性がない。一―二人称の世界で「愛」は理想的であっても、時間性を持たない。「われ・なんじ」の世界の「愛」は歴史性を欠いたロマンチシズムである。それに対して、契約共同体の「法」は歴史性を有する。それは、すでに指摘したとおり、十戒冒頭の序言（出二〇・二）がはっきりと示している。この序言には、出エジプトの歴史的出来事が記される。その救済の出来事を想起し、それを導いたのが「わたし」であるという主の救出宣言から十戒は始まるのである。このような救済の歴史性を明示するところからイスラエル契約共同体の「法」は始まる。これは、契約共同体である教会が、キリストの十字架と復活の歴史的出来事を記念する聖餐式をサクラメントとして保持していることと相即する。契約共同体はただ単に愛を掲げる個人倫理の共同体ではない。契約という共同体の法を有し、救済の歴史性を絶えず想起し保持する共同体が契約共同体である。

4　教会を建てるために

われわれは「愛」と「法」について概念的な観点から、また人称論的な観点から論じた。重要なことは、旧約では徹頭徹尾、契約において「愛」と「法」が結び合うということである。この契約は共同体的であると同時に歴史性を有する。具体的に言うと、出エジプトの救済を経験したイスラエルはシナイ契約によって「神の民」となった。そこにイスラエルの起源がある。このように旧約宗教は強烈な共同体性と歴史性を帯びている。この共同体性と歴史性を抜きにしてヘセド（愛）もミシュパート（法）も成り立たないのである。旧約のヘブライズムから導き出される結論は、「愛」は「法」を実現するために機能し、「法」が「法」として機能するところで「愛」は生きる、ということである。「愛」は人格的に機能し、極めて宗教的な内容を有するが、「法」から逸脱したところで「愛」は生きることがない。それが旧約の世界である。教義学も基本的にはそれと同様な思考をする。(30) ところで、教義学的に思考するならば、一―二人称的世界を垂直次元として、三人称的世界を水平次元として捉え、その垂直次元と水平次元が交差するところで「愛」と「法」が生きる契約関係を論じることが可能であろう。けれども、ただ単に前者が宗教性、後者が世俗性に置き換えられるとすれば、それはわれわれの意図するところではない。というのも、旧約では「愛」を宗教的にのみ考えることはなく、また「法」を単に世俗に属すると考えることもないからである。旧約は「愛」と「法」をあれかこれかの二者択一で考えることはない。「法」を否定する仕方での「愛」の超出はセンチメンタリズムでしかない。実に、キリストの十字架は法をまっとうする仕方で愛が示された出来事である。

以上の認識において、われわれの今日的課題に引き寄せて論じよう。われわれは「愛と法」という主題において「教会を建てる」という方向を考えている。教会を建てるために何を語りうるだろうか。現在のわれわれの問題状況から言えば、「愛と法」についてはしばしば次のように判断されるのではないかと思われる。すなわち、非人間的で律法主義的な「法」は否定されるべきであり、人格的で寛容な「愛」のみが教会の主導原理とされるべきである、と。「愛」が価値ある原理とされるのはよい。

けれども、「法」が排除される原理は、ブーバーがそうであるように、「われ・なんじ」の対話的原理で教会を建てることを意味する。[31] それは相互主観性の原理で共同体を考えることである。しかし、相互主観性には三人称の「法」が存在しない以上、それは「共同体」を建設する現実的な原理とはならない。そこにはまた歴史性も欠落している。これは決定的な問題である。法的原理を有さぬ相互主観的思考は現代思想にはコミットできるが、観念的な世界を浮遊するだけの仮想共同体を追い求める不毛な思考である。それはいわば現代的グノーシス主義であって、教会ではない。そういう考え方に従えば、聖餐式は極端に脱魔術化され、また理想主義化されて、「愛」の普遍化の単なる象徴になってしまう。すべては「愛」の原理のもとに許容され、寛容が説かれるが、果たしてそれだけで教会は建てられるだろうか。そもそも、旧約では「法」が機能しないところに「愛」は成り立たない。「法」が「法」として機能することが旧約の契約共同体の基本原理である。教会はそれを継承しているのである。[32] 戒規問題についても同様のことが言えるのではなかろうか。戒規の執行というと、瞬間的に「愛」が欠如しているという拒絶反応が生じる。けれども、われわれは契約共同体的に思考することを選び取る。「法」が機能しないところに「愛」は成り立たないのである。戒規問題において、教会が教会であるために「愛」こそが必要という結論を出すとすれば、「法」はどこに成り立つだろうか。

注

(1) A・ニーグレン（岸千年／大内弘助訳）『アガペーとエロース』第一巻、新教出版社、一九五四年、一七九―二二二頁。

（２）W. Zimmerli, Art. Liebe, in: RGG, 3. Aufl., Bd. 4, 1986, SS. 363-364.

（３）碧海純一『法と社会――新しい法学入門』中央公論新社、一九六七年、一六―一七頁。

（４）F. Brown, S. Driver and C. Briggs, Hebrew and English Lexicon of the Old Testament, 1951, pp. 1048-1049.

（５）L・ケーラー（池田裕訳）『ヘブライ的人間』日本キリスト教団出版局、一九七〇年、一八〇―一八一頁。

（６）K・コッホ（荒井章三／木幡藤子訳）『預言者Ⅰ』教文館、一九九〇年、二二〇頁。

（７）G. Liedke, Art. שפט, in: THAT II, 1984, SS. 1002-1003.

（８）N・H・スネイス（浅野順一他訳）『旧約宗教の特質』日本キリスト教団出版局、一九六四年、一二八頁。

（９）F. Brown, S. Driver and C. Briggs, op. cit., pp. 338-339.

（10）関根正雄「旧約聖書における愛」『関根正雄著作集』第五巻、新地書房、一九七九年、二〇一頁。

（11）L・モリス（佐々木勝彦他訳）『愛――聖書における愛の研究』教文館、一九八九年、八六―九〇頁。

（12）小田島磨江氏が二〇〇八年度に東京神学大学に提出した修士論文「イザヤ書四〇章六節における חסד の意味」はこの問題を扱った労作である。

（13）M・ブーバー（植田重雄訳）『我と汝・対話』岩波書店、一九七九年、四六頁。

（14）H・W・ヴォルフ（大串元亮訳）『旧約聖書の人間論』日本キリスト教団出版局、一九八三年、一六二頁。

（15）E・レヴィナス（合田正人訳）『全体性と無限――外部性についての試論』国文社、一九八九年、二八一―三三五頁。

(16) Ｅ・レヴィナス（合田正人／松丸和弘訳）『他性と超越』法政大学出版局、二〇〇一年、九八―一〇二頁。

(17) レヴィナスはブーバーの「われ・なんじ」を破壊するものとして「顔」の超越性を指摘する。岩田靖夫「他者とことば――根源への回帰」哲学会編『レヴィナス――ヘブライズムとヘレニズム』有斐閣、二〇〇六年、二七頁参照。とはいえ、このようなレヴィナスの強烈な他者認識も結果的には一―二人称の世界に留まっている。

(18) Ｗ・Ｈ・シュミット（大住雄一訳）『十戒――旧約倫理の枠組の中で』教文館、二〇〇五年、七五―七六頁。

(19) A. S. van der Woude, Art. פנים, in: THAT II, 1984, S. 459.

(20) Ibid., S. 454.

(21) 棚村重行「三一神の御顔と日本伝道――現代における救いの問題に関連して」『紀要』一〇号、二〇〇七年、二三―四七頁では「顔」についてタテの関係とヨコの関係から説明される。

(22) Ｎ・Ａ・ベルジャーエフ（氷上英広訳）『孤独と愛と社会』白水社、一九七五年、一四九―一五〇頁。

(23) 並木浩一「人称を持つ神と人間」『共助』一九九七年九月号（基督教共助会）、七―二〇頁。並木氏は三人称が外部として「われ・なんじ」の世界に介入するところに旧約の本質を見ている。

(24) これを指摘するのは、Ｈ・Ｊ・ベッカー（鈴木佳秀訳）『古代オリエントの法と社会――旧約聖書とハンムラピ法典』ヨルダン社、一九八九年、三二五―三二六頁。

(25) A. Alt, Die Ursprünge des israelitischen Rechts, Leipzig, 1934. アルトによれば、形態史的には決疑法は世俗的事柄に属してカナンに起源し、断言法は宗教的事柄に属してイスラエル起源である。けれども、その起源がどう説明されようと、断言法と決疑法が分かち難く結びついた仕方で旧約の法は記述されている。大住雄一「旧約法研究の展開と諸問題」『神学』五二号、一九九〇年、二五七—二八八頁。

(26) 左近淑『神の民の信仰　旧約篇』教文館、一九九六年、四四—四五頁。「契約は一つの共同体の交わりをつくるので、個人の約束事ではない」(四五頁)。

(27) K・レーヴィット（熊野純彦訳）『共同存在の現象学』岩波書店、二〇〇八年、一六—一九頁。R・ウォーリン（村岡晋一他訳）『ハイデガーの子どもたち——アーレント／レーヴィット／ヨーナス／マルクーゼ』新書館、二〇〇四年、一三九頁はレーヴィットの共同相互主観性にブーバーとの共通性を指摘している。

(28) これについては、ブーバーやレヴィナスのみならず、レーヴィットも西欧思想にコミットするためにユダヤ的出自を覆い隠したのではないかと思われる。けれども、そのアンビバレンツが逆にユダヤ性をあぶり出す。

(29) それはヘッシェルの場合にも指摘できる。ヘッシェルは強烈な神のパトスを語るが、神と人との関係は「われ・なんじ」の相互関係性においてのみ説明される。実際、ヘッシェルは神とイスラエルとの契約関係を法的関係としてではなく、人格的関係として理解している。A・J・ヘッシェル（森泉弘次訳）『イスラエル預言者（下）』教文館、一九九二年、二四—二五頁。このヘッシェルの現象学的な方法の限界を指摘するのは、並木浩一氏の解説文。四五六—四五七頁参照。

(30) K・バルトは、「愛の教会」や「霊の教会」が教団の秩序や法を真剣に問題にすることはできないとし、教団を構成する原理は個人のキリストとの直接的関係ではなく、むしろ法と秩序であると見る。K・バルト（井上良雄訳）『教会教義学　和解論Ⅱ／4——主としての僕イエス・キリスト（下）』新

教出版社、一九七二年、一二〇―一二一頁。
(31) 近藤勝彦『キリスト教倫理学』教文館、二〇〇九年、四三五頁はブーバーの「われ・なんじ」について「法」と分離した「愛」の欠陥を指摘している。
(32) 芳賀力『使徒的共同体――美徳なき時代に』教文館、二〇〇四年、八七頁。

第三章　「契約」概念から聖餐問題を考える

――聖餐をめぐる聖書神学的考察

1　聖餐式の混乱

日本基督教団において聖餐の乱れが問題になっている。聖餐式において未受洗者にも配餐する教会が増えているからである。これは教会の現場では深刻な問題である。これについてしばしば指摘されるのは、未受洗者への配餐が世界的な傾向であって、ヨーロッパでは当たり前だと報告されることである[1]。けれども、九〇年代後半、五年にわたって私が出席したドイツの福音主義教会（改革派）では、そういうことはまったく問題にならなかった。ドイツの大抵の教会では旅行者も自由に聖餐にあずかることができるので、未受洗者陪餐が容認されているかのように見える。けれども、それはまったくの誤解である。ドイツでは教会の礼拝に出席するのはそこの教会員だけであって、未受洗者が礼拝に来ることは想定していないのである。ドイツの福音主義教会では全員が洗礼を受けていることを前提にして聖餐式が執行される[2]。このドイツの教会の歴史と伝統を無視して未受洗者配餐を正当とするのは問違いであり、欺瞞ですらないかと思う。この問題についてはここではこれ以上論じない。私はこれから、旧約聖書学の立場から聖餐について論じる。聖餐について聖書学的に考える道筋をきちんと整えておきたい。ここで私が主張したいことは、言うまでもないが、洗礼を受けた者が聖餐にあずかるべきだということである。(3)

2　聖書学の問題性

本論に入る前に、まず聖書学という学問についてじっくり考えてみたい。未受洗者配餐の正当性が主張される場合に、大抵聖書学者の発言が根拠にされる。それによれば、聖書学的には未受洗者配餐こそが正当だと判断されるようだ。(4) けれども、ほんとうにそうだろうか。私は聖書学という学問については方法論的な吟味と検証が必要だと考えている。聖餐問題については聖書学がすべてを解決してくれそうに思えるかもしれないが、それは幻想である。聖書学は自然科学ではない。聖書学はどのような問題を設定しても、右から左まで、聖書学者によって多種多様な結論が出てくる。もちろん、聖書学は客観的な学問であり、より客観的でより説得力を有する見解が多数説となる。けれども、多数説だからといって、それが真理であるということにはならない。もちろん、それはどんな説についても言えることである。少々語弊があるかもしれないが、客観的な学問である聖書学は聖書学者自身のイデオロギーに左右されやすい学問である。こういうことを書くと、「お前も同じではないか」と言われそうだ。確かにそうかもしれない。聖書学は聖書に遡り、聖書を歴史的文献として客観的に、また批判的に考察する。その場合に、直接無媒介に聖書時代と現在（聖書学者自身）を結びつけてしまうという弊害が生じる。現在をどう考え、どうあるべきかと考えることが聖書解釈によって表明される。それによって探究対象に聖書学者自身のイデオロギーが紛れ込みやすいのだ。聖書学では好むと好まざるとにかかわらず、歴史解釈に現在が投影されるということである。それは聖書学の宿命だと言わざるを得ない。歴史学者クローチェの「すべての真の歴史は現代史である」という命題は、実は聖書学にも言えることである(5)。しかも、聖書学では聖書それ自体が基準だから、聖書成立以降の歴史は探究の枠外であって、ほとんど問題とはならない。その結果、現在に至るまでの教会の歴史や伝統はまるで余計なもの、無意味なものと見なされる。聖書学は教会の歴史について責任を負わない。聖書を探究する聖書学がそれによってキリスト教の基本教理のみならず、現在の教会そのものを解体する可能性もある。そんな教会なら解体した方がよい、という声もありそうだが、私たちは教会を担う責任を放棄することはできない。

聖書学は客観的でラディカルで、しかも自由な学問である。聖書学ほど面白い学問はない。けれども、聖書学には方法論において制約あるいは限界がある。その制約や限界というものを聖書学者はもう少し認識する必要があるのではないだろうか。聖書学はそれによって不変の真理が出てくる「打ち出の小槌」では決してない。特に聖餐という教会のサクラメントについては、聖書学は教会の歴史と伝統に場所を譲る謙虚さが必要ではないかと思う。そういう意味でも、聖餐については聖書文献学だけではなく、聖書神学的な考察が重要になる[6]。そこで、もう少し具体的に考えてみよう。

3　聖餐問題をめぐる聖書学的議論について

私は新約学プロパーの聖書学者ではないが、福音書研究については文献学的な前提がある。それは、より古い伝承ほど価値があるということである。四つの福音書、つまりマタイ、マルコ、ルカ、ヨハネの中で、マルコ福音書が最も古く、したがってこの福音書において史的イエスの最古の伝承が読み取れると考える。もちろん、これは論理的で、妥当な判断である。けれども、史的イエスに遡って最古の伝承を取り出すことが重要であるから、史的イエスに関して四つの福音書にはすでに価値の序列が生じ、マルコはA、マタイとルカはB、ヨハネはCという暗黙の価値評価が下されることになる。時間的に遅いものほど価値を失う。その結果、聖書以後の文献はまったく価値を持たない。聖餐問題をめぐる議論においてもそうである。イエスが人々を無条件で招き、食物を与えたことが聖餐の最古の形と見なされる。マルコ福音書は紀元七〇年頃に成立した文書だが、その文書の中から最古の伝承を取り出し、遡って史的イエス像を復元しようとするわけだ。けれども考えてみると、そのイエス像なるものは理念的で、想定されたものにすぎない。それはマルコ福音書の素材の中から聖書学者の判断によって復元された理念である[7]。つまりテクストそのものではなく、テクストの背後に想定された「不可見的なもの」だということだ。ところが、その想定された、架空の史的イエス像に、聖餐に関する最高の価値が付与されるのである。マルコ福音書成立から数十年遡る五千人の共食（マコ六・三〇—四四）や四千人の共食（マコ八・一—一〇）の素材の中に理想的なイエス像が復元される。可能な最古の伝承として推測されるにすぎない「イエスのふるまい」が、にもかかわらず、聖餐の根源として最高の価値を有するのである。私はそこに疑問を持つ。史的イエス像よりも、原始教会の契約共同体的食事である聖餐の形を基準と考えるべきではないだろうか。ところが、現在の聖書学ではそうではない。二世紀初めに成立した『ディダケー』には、教会の聖餐に関する具体的記述があるが、史的イエスから時代が離れているために少しも価値が与えられない[8]。それどころか、最も古い教会の信条である使徒信条は聖書学では何の価値もない。現在の聖書学の方法では、想定された史的イエスから時間的に離れるほど、価値を失っていくからである。聖餐というサクラメントにおいて、教会が保持してきた伝統と史的イエスとの間に聖書学ではすでに決定的価値判断が下される。教会の伝統は史的イエスから隔絶したアナクロニズムとして否定的にしか見られない。要するに、聖餐に関しては、聖書文献学の方法では理念的で想定された史的イエス像なるものが絶対的権威を有し、わがもの顔に一人歩きするのである。現在の聖書学には方法論的な弊害があると指摘したゆえんである。

いったい、これをどう解決すべきだろうか。呪縛から解放されなければならない。一つの示唆を私は与えられている。それは、ドイツでアンドレアス・リンデマンから教えられたものである。リンデマンは私が留学したベーテル神学大学で教鞭を執る著名な新約学者である。H・コンツェルマンの高弟で、現在、ドイツの神学雑誌 Theologische Rundschau の編集責任をも負っている。九〇年代の後半、私はビーレフェルトのジュスター教会（改革派）に家族で出席していた。当時、リンデマンはベーテルの学長であったが、この教会に毎週出席していたので、親しくさせていただいた。礼拝後の茶話会で、リンデマンに使徒信条と新約聖書の関係をどう考えるべきかと質問したことがある。ちょうど、ゲッティンゲン大学のリューデマンがキリスト復活否定の著書を出した直後で、ドイツの諸教会で信仰告白が問われていた頃である。[9] リンデマンはマルコ福音書のみを絶対的基準にするのは文学的な独善で、マルコ福音書に書かれていないことをマタイ、ルカ、ヨハネが補っていると考えるべきだと説明した。これら福音書と書簡全体に書かれてあることは基本的に使徒信条の内容と変わらない。使徒信条は信頼できるものだ、とリンデマンは語り、リューデマンの復活否定論について「困ったものだ」と顔をしかめた。多少保守的かもしれないが、これがドイツの教会では普通の考え方だと言ってよいと思う。[10] 日本ではリューデマンの著作がいち早く翻訳され、これが現在のドイツ新約学の到達点であるかのような見方がされるが、リンデマンのように教会の伝統と信仰告白を尊重する聖書学者はいるのである。リンデマンの考え方は現在の聖書文献学の方法論的偏重を是正し、聖書神学的に考えるヒントを与えてくれる。聖書学は、信仰を白紙にして「何が信じるに値するか」という問いから出発するのではなく、むしろ、「今信じていることをどのように跡づけることができるか」という問いから出発すべきなのではないだろうか。それは、聖餐問題についても言えることである。

4 「契約」概念から考える

随分前置きが長くなってしまった。これから、私は旧約学の立場から、聖餐について論じたいと思う[11]。旧約学の立場からと言っても、要するに旧約聖書を背景にすれば、聖餐をどう理解することができるかということを述べたいのである。ここでは、契約という概念に即して聖書神学的に考える。聖餐の本質について説明したいと思う。本論のキーワードは「契約」である。

さて、聖餐が「契約」の形態を有しているということに誰も異論を持たないと思う。聖餐式で読まれる制定語の中に「新しい契約」が出てくる。

> わたしがあなたがたに伝えたことは、わたし自身、主から受けたものです。すなわち、主イエスは、引き渡される夜、パンを取り、感謝の祈りをささげてそれを裂き、「これは、あなたがたのためのわたしの体である。わたしの記念としてこのように行いなさい」と言われました。また、食事の後で、杯も同じようにして、「この杯は、わたしの血によって立てられる新しい契約である。飲む度に、わたしの記念としてこのように行いなさい」と言われました。だから、あなたがたは、このパンを食べこの杯を飲むごとに、主が来られるときまで、主の死を告げ知らせるのです。（Ⅰコリ一一・二三―二六）

このとおり、新約聖書において聖餐は「契約」として理解されているし、またそう理解すべきことが重要である。それならば、その契約とはいったい何を根拠にしているのだろうか。制定語における「新しい契約」は、言うまでもなくエレミヤ書三一章の預言の言葉を指す。

見よ、わたしがイスラエルの家、ユダの家と新しい契約を結ぶ日が来る、と主は言われる。この契約は、かつてわたしが彼らの先祖の手を取ってエジプトの地から導き出したときに結んだものではない。わたしが彼らの主人であったにもかかわらず、彼らはこの契約を破った、と主は言われる。しかし、来るべき日に、わたしがイスラエルの家と結ぶ契約はこれである、と主は言われる。すなわち、わたしの律法を彼らの胸の中に授け、彼らの心にそれを記す。わたしは彼らの神となり、彼らはわたしの民となる。（三一―三三節）

これによって、聖餐制定語の「新しい契約」は旧約を背景とするものだということがわかる。当然のことだけれども、しかし、このことが聖餐を考える場合にどうも十分に認識されていないように思われる。[12] そこで、契約とは何かということを旧約から考えてみる。

契約は、双方の意志が合致した時に法的に成立するものである。旧約の場合には契約はどう理解されるべきだろうか。契約はヘブライ語で ברית（ベリート）と言う。その語源は定かではないが、興味深いことに、「食べる」という意味の動詞に由来すると説明することが可能である。[13] もし、そうだとすれば、共に食事をすることが契約の語源である可能性がある。旧約のベリートの興味深い特徴は、それを締結する場合にしばしば「切る」כרת（カーラト）という動詞で表現されるということである。[14]「結ぶ」と「切る」ではまったく逆ではないかと思うかもしれない。けれども、ヘブライ語ではそう表現するのである。これは創世記一五章から説明がつく。

　日が沈み、暗闇に覆われたころ、突然、煙を吐く炉と燃える松明が二つに裂かれた動物の間を通り過ぎた。その日、主はアブラムと契約を結んで言われた。「あなたの子孫にこの土地を与える」。（一七―一八節）

　ここには、主がアブラムと契約を結んだ時、二つに切り裂かれた動物の間を「煙を吐く炉と燃える松明」が通り過ぎた、と記されている。引き裂かれた動物の間を通ることによって契約が結ばれるのである。つまり、アブラハム契約では契約締結は引き裂くことと関係する。これは、契約を結ぶ双方が、もし契約を破るなら自らがそのように引き裂かれてもよい、という覚悟を表明しているのである。それは、エレミヤ書三四章一八節以下から確認できる。

　「わたしの契約を破り、わたしの前で自ら結んだ契約の言葉を履行しない者を、彼らが契約に

際して真っ二つに切り裂き、その間を通ったあの子牛のようにする」。（一八節）

これでわかるだろう。要するに、契約はそれだけ厳粛で、文字通り命がけだということである。[15] このように当事者双方が義務の遂行を要求される。そこに旧約の契約を考える場合の基本があるのである。

ところが、驚くべきことに、このアブラハム契約では、当事者であるアブラムには何も要求されない。少なくともそういうふうに読める。というのも、引き裂かれた動物の間を通るのは、不思議なことに、アブラムではなく「燃える松明」だからである。それは神の臨在のしるしであって、主ご自身を指していると説明できる。[16] これによって、契約が神の側の一方性（恵み）によって成り立っていることが明らかとなる。[17] アブラハム契約では、徹頭徹尾、主が主導性を発揮して契約が締結されるように思われる。これは、アブラハム契約だけでなくて、ノア契約[18]（創九章）やダビデ契約[19]（サム下二三章）も同様である。つまり、旧約では神による一方的な選びによって契約が成り立つのである。その契約にあずかる人間は受動的だと言わざるを得ない。契約の片務性が際立つ。

このような旧約の契約の片務的な側面から考えれば、エレミヤの新しい契約も説明可能である。エレミヤ書三一章の新しい契約は、やがて神が一方的な仕方で人間に契約を授与する時が来る、という預言である。これがイエス・キリストの十字架と復活による救済の成就として、文字通り「新約」（新しい契約）を予告するものだとわれわれが信じていることは言うまでもない。それでは、このような神の愛の一方性からどういうことが言えるだろうか。キリストはすべての人の罪を贖ったのだから、聖餐式はすべての人々に無条件に開かれているはず、と果たして言えるだろうか。私は決してそうは言えないと考える。なぜならば、旧約の契約をただ単に神の側の片務性だけから説明するのは一面的すぎるからである。いや、それどころか、神の側の片務性だけで旧約の契約を説明するのは誤りではないかと私は考える。

5　シナイ契約の重要性

旧約の契約は決して神の側の片務性だけで成り立つのではない。旧約で最も重要な契約はシナイ契約である[20]。出エジプト記一九―二四章がそれである。イスラエルがシナイ山でモーセを介して主と結んだ契約だ。このシナイ契約では、契約締結のしるしとして動物の血が振りかけられ（二四・八）[21]、また契約の食事が行われる（二四・一一）[22]。これによって、イスラエルは文字通り「神の民」となった。イスラエルが「神の民」であることはこのシナイ契約を基盤にしているにほかならない。シナイ契約が決定的に重要であるのは、旧約の中心であるモーセ五書の構造の中心がこのシナイ契約だということからも確認できる[23]。それだけではない。もう一つ、シナイ契約が決定的に重要だと言わざるを得ないことがある。それは、この契約が神との間に結ばれた「共同体の契約」（神の民の契約）だということである。契約の担い手は個人個人ではない。共同体である。シナイ契約では、契約の担い手として徹頭徹尾、共同体が重要である[24]。シナイ契約には、強烈な共同体意識があるのだ。これが旧約宗教の本質を決定している。

さて、シナイ契約においては、アブラハム契約とは異なって、イスラエルは主への応答として律法の遵守が求められる。主の命令に対して、イスラエルは「私たちは主の定めを守ります」とはっきり応答し、服従する。

「わたしたちは、主が語られたことをすべて、行います」。（出一九・八）
「わたしたちは、主が語られた言葉をすべて行います」。（出二四・三）
「わたしたちは主が語られたことをすべて行い、守ります」。（出二四・七）

応答と服従は明白である。このような双務性がシナイ契約を特徴づけている。民の側の信仰告白（恵みに対する応答）があって初めて契約が成り立つのである。この双務性は、シナイ契約だけでなく、シケム契約（ヨシュ二四章）にも見られる。[25]

このように、旧約の契約では片務性と双務性が両方存在するのである。[26] これをどう理解したらよいかということが旧約学では大きな問題となる。[27] 新約学者は前者に強調点を置く傾向がある。双務契約を非本来的だと見なすのである。[28] 旧約宗教の基盤を祭司的・律法的（申命記的）なものではなく、預言者的なものだと理解しようとするからである。[29] 確かに、神による一方的な救いが旧約の契約の本質であれば、キリストの贖罪愛と連続するものを読み取れる。もし契約の片務性を徹底するならば、神の無条件の招きが強調され、その結果、未受洗者への配餐を支持する心情的な方向に傾くのではないだろうか。イエスもまた大勢の群集を無条件で招き、パンを与えたではないか、と。けれども、これは旧約の契約観念を著しく抽象化し、歪曲するものである。旧約の重要な文脈をひどくぼかしている。片務性だけで旧約の契約の本質を語ることはできないからである。そもそも、旧約の契約の中心は、神の民となるシナイ契約である。契約の双務性という性質をないがしろにはできないのである。

旧約の契約では、片務性と双務性が並存している、と説明するのが旧約神学の合意事項である。けれども、私は、シナイ契約の双務性ということが旧約の契約全体の本質を決定しているのではないかと考える。なぜならば、契約は契約である以上、当事者の義務の遂行は当然だと考えねばならないからである。イスラエルが神の民となったのはシナイ契約である。このシナイ契約は、契約を考える場合の歴史的な根源だ。ノア契約やアブラハム契約は片務的だが、歴史的に見れば、これらはむしろシナイ契約の後に補われたものだと判断せざるを得ない。ノア契約とアブラハム契約はイスラエルが滅亡した後に、シナイ契約以前に遡る救済告知として逆投影された。実際、ノア契約やアブラハム契約に出てくる「永遠の契約」（創九・一六、一七・一三）という特徴的表現は王国滅亡を暗示している[30]。「永遠」という概念は、それが断絶したことによって生まれるものである。契約がひとたび破棄され、イスラエルが破局を経験したからこそ、「永遠の契約」という概念が成立したのである。いずれにせよ、ノア契約とアブラハム契約の歴史的背景は捕囚期（あるいはそれ以降）と考えられる。ちなみにアブラハム契約では割礼が契約のしるしとされている（創一七章[31]）。割礼が意味あるものとなったのはや

は り捕囚時代である。つまり、神の片務性を特徴とするノア契約やアブラハム契約においても、実はシナイ契約が潜在的に支配しているということである。

そうであるとすれば、神の片務性を特徴とするエレミヤ書三一章の「新しい契約」の預言も説明し直すことができる。その中で、「かつて……結んだものではない」(三二節) といったん否定されている契約はシナイ契約である。けれども、そのシナイ契約において、「神の民であるためにはどうしたらよいか」という契約の内容的枠組みは「新しい契約」においてもいささかも変わらない[32]。エレミヤの預言ではシナイ契約は否定されたかに見えるが、シナイ契約成立の要素である「民の応答」は新しい契約でも潜在的に要求されている、と言わざるを得ないのである[33]。このエレミヤ預言が比喩として用いている婚姻関係で考えてみよう。夫が一方的に妻を愛し、妻はいつでもそっぽを向いて応答しないけれども基本的に許される、という夫婦関係は「契約」の理想的形態だとは到底考えられない。夫婦関係は「契約」によって成り立つ以上、双方が責任を果たすことによって初めて有効となる。そう考えるのが自然であり、正当ではないだろうか。旧約では契約は婚姻関係に譬えられる[34]。したがって、エレミヤの新しい契約は双務性を否定したのではなくて、あくまで双務性を基盤として預言されたものだと説明すべきである。要するに、旧約のいずれの契約においても、それが契約である以上、双務性を除去した片務性はあり得ないということである。シナイ契約をないがしろにして「新しい契約」の片務性を理想化するのは、旧約の契約概念を否定することであって、聖書的ではない。それは、聖餐式の起源である最後の晩餐についても言えることである。

6　過越の祭り

聖餐式の起源は最後の晩餐である。その最後の晩餐は過越の祭りの日に行われた。共観福音書もそう記している。この過越が旧約では「契約」の祭りだということが決定的に重要である。出エジプト記を読んでいただければわかる。出エジプトの旅の途上でシナイ契約は結ばれた。イスラエルがエジプトから救い出された出来事を祝うこの過越は、イスラエルが神の民となった起源を祝う契約の祭りでもある。旧約では出エジプトとシナイ契約は一直線に繋がっているのだ(35)。そうだとすると、過越祭において見逃してならないことは、繰り返すが、神の民イスラエルという強烈な共同体意識である。過越はイスラエル信仰共同体の契約の祝いなのである。神の民となる契約締結の出来事が毎年この過越祭を祝うことと結びついている。動物を屠って、その血を家の門柱に塗り、種入れぬパンを皆で食べる。その過越祭は慣習的に家庭で祝うべきものとされるが、イスラエルが贖われて神の民となった歴史的出来事を想起することに過越祭の本質がある。要するに、過越はシナイ契約と密接不可分に結びついているのである（出一二・一五）(36)。そうであるとすれば、当然のことながら、過越においては契約の双務性が重要となるはずである。

ちなみに、この過越が旧約における共同体の礼拝の本質を意味するということは、私たちが認識しておくべきことである。旧約の礼拝は、主とイスラエル共同体との契約を成立させる決定的に重要な形態である。それは、共同体全員が出エジプトという救済の歴史的出来事を絶えず想起し、それを現在化するという仕方で執行される。過越祭の礼拝において、出エジプトという過去の出来事が現在化するのである。


「さあ、家族ごとに羊を取り、過越の犠牲を屠りなさい。そして、一束のヒソプを取り、鉢の中の血に浸し、鴨居と入り口の二本の柱に鉢の中の血を塗りなさい。翌朝までだれも家の入り口から出てはならない。主がエジプト人を撃つために巡るとき、鴨居と二本の柱に塗られた血を御覧になって、その入り口を過ぎ越される。……

あなたたちはこのことを、あなたと子孫のための定めとして、永遠に守らねばならない。また、主が約束されたとおりあなたたちに与えられる土地に入ったとき、この儀式を守らねばならない。また、あなたたちの子供が、『この儀式にはどういう意味があるのですか』と尋ねるときは、こう答えなさい。『これが主の過越の犠牲である。主がエジプト人を撃たれたとき、エジプトにいたイスラエルの人々の家を過ぎ越し、我々の家を救われたのである』と」。

民はひれ伏して礼拝した。（出一二・二一―二七）

この礼拝において、かつて起こった主の救済の大いなる出来事が、常に、今、ここで体験されるのである。その際、贖いのしるしである犠牲動物の血と食事が過越の重要な要素となる。この食卓を共にする過越の礼拝において、主との契約（シナイ契約！）が再確認される。過越の礼拝は契約共同体のいわば契約更新祭だということである。

このような過越の食事を教会の聖餐式が起源としているということは決定的に重要なことである。礼拝において主イエスの十字架と復活の出来事を想起し、罪の赦しにあずかるのが教会の聖餐式である。その聖餐式において、契約の片務性（無条件性）だけを見るのはどう考えても不当だと思われる。過越が契約共同体の祝いであり、シナイ契約がその基盤である以上、過越の食事と同定される聖餐式もまさしく契約の食事なのであって、契約の双務性から理解されるべきではないだろうか(37)。契約にあずかる者は契約の当事者として義務を遂行する。つまり、信仰告白という応答をもってそれにあずかるのが当然ではないだろうか。洗礼を受け、教会（信仰共同体）に加えられた者だけが聖餐にあずかるのである。未受洗者への配餐は、聖餐式が契約共同体の食事であることを否定する。

7　閉じられた聖餐

パウロは聖餐が契約共同体の食事であることを知っていたからこそ、その書簡では洗礼を受けた者だけが聖餐にあずかれると考えていた。パウロ書簡が記されたのは紀元五〇年代で、新約では最も古い記述である。紀元二世紀初めに書かれた『ディダケー』も、すでに触れたとおり、受洗者にのみ配餐を限定している(38)。一方、紀元七〇年頃に書かれたマルコ福音書については、未受洗者への配餐を許容するものがあると一部の新約学者は見る。[39] ルカ福音書はパウロ書簡に近いとされる。そこで、新約には、閉じられた聖餐のパウロ型と、開かれた聖餐のマルコ型とがある、と説明されるのである。[40]

マルコ福音書には「最後の晩餐」の記事と「五千人の群集への給食」の記事があるために、両者を同列に扱ったり、あるいは後者にマルコ福音書の強調点があると説明されることがある。[41] けれども、この説明に私は合点が行かない。決定的に重要なのはやはり「最後の晩餐」である。マルコ福音書には無数の群集が無条件で主イエスに招かれる記述があるとしても、それを聖餐の本質的意図と見ることはできない。むしろ、これはアガペーとしての「愛餐」と見るべきではないだろうか。[42] 過越の食事と結びつけられる「最後の晩餐」において「新しい契約」は成立するからである。マルコ福音書における「最後の晩餐」の記述の背景にはパウロ書簡と同じ契約共同体としての教会認識があった、と考えるのが自然ではないだろうか。紀元五〇年代の教会では聖餐が閉じられ（パウロ書簡）、六〇―七〇年代には開かれ（マルコ福音書）、八〇年代年以降はまた閉じられる（ルカ文書及び使徒教父文書）、という迷走が教会にあったとは考えにくいと思う。たとえ、そうでなかったとしても、マルコ福音書におけるイエス伝承を不動の規範とし、それによって未受洗者配餐の正当性を読み取るのは、到底支持できるものではない。少なくとも旧約の契約観念を基盤にして聖餐を考えるならば、契約共同体として教会が保持してきた「閉じられた」聖餐認識こそが正当である。

「閉じられた」聖餐は決して未受洗者を「閉め出す」ものではない。洗礼を受けて契約共同体（教会）に加えられる日を皆が待っているのである。そういう仕方で、教会はサクラメントとしての聖餐を今日までずっと保持してきた。その伝統は今後も守り続けるべきだと思う。

注

（１）神田健次「陪餐」今橋朗他監修『キリスト教礼拝・礼拝学事典』日本キリスト教団出版局、二〇〇六年、三二四―三二五頁にそういう記述がある。

（２）ドイツ福音主義教会常議員会編（楠原博行訳）『聖餐――福音主義教会における聖餐の理解と実践のための指針』教文館、二〇〇六年。特に一〇八頁には、「未受洗者に対して聖餐を原則的に開放すること、すべての人々を無差別に招く事は、いずれにせよ福音主義的聖餐理解とは相容れないものである」という記述がある。これがドイツの教会では普通の考え方である。これについては、さらに楠原博行「聖礼典執行の問題① ドイツ連邦共和国の場合」季刊『教会』七一号（改革長老教会協議会）、二〇〇八年、二〇―二六頁が詳しく報告している。

（３）芳賀力『洗礼から聖餐へ――キリストの命の中へ』キリスト新聞社、二〇〇六年を読むことを奨める。

（４）岩井健作「〝教師退任勧告決議〟批判と克服をめぐって」『福音と世界』二〇〇八年二月号、二六頁。「現在聖書学的に見て、未受洗者を聖餐から排除する明確な根拠は聖書からは出てこない」という断定的な記述がある。

（５）西村貞二『歴史から何を学ぶか』講談社、一九七〇年、七六頁。

（６）これについては、古屋安雄「二一世紀の神学を考える――日本伝道の神学を目指して」日本基督教学会編『日本の神学』四一号、二〇〇二年、二二五頁に同様の指摘が見られる。

（7）G・D・フィー（永田竹司訳）『新約聖書の釈義――本文の読み方から説教まで』教文館、一九九八年、五八―五九頁には、史的イエス像復元の問題性について指摘されている。

（8）（佐竹明訳）「十二使徒の教訓」荒井献編『使徒教父文書』講談社、一九七四年、二四頁。「主の名をもって洗礼を授けられた人たち以外は、誰もあなたがたの聖餐から食べたり飲んだりしてはならない」と書かれている。

（9）G. Lüdemann, Was mit Jesus wirklich geschah: Die Auferstehung historisch betrachtet, Stuttgart, 1995.（邦訳、G・リューデマン（橋本滋男訳）『イエスの復活――実際に何が起こったのか』日本キリスト教団出版局、二〇〇一年。）

（10）ちなみに、リューデマンはニーダーザクセン州教会（ランデスキルヘ）から烈しい抗議を受けて、ゲッティンゲン大学神学部での講義を制限された。神学部は州教会の牧師養成の場でもあるから、州教会の判断は私たちにも十分理解できる。

（11）以下は、拙論「聖餐をめぐる旧約学的根拠について――契約概念から聖餐問題について考える」『紀要』一一号、二〇〇八年、五一―六〇頁の記述に手を加えたものである。

（12）中村信博「聖餐の起源としての過越の祭――わたしたちは何を想起するのか」『福音と世界』二〇〇七年九月号、二六―二九頁は、聖餐の起源である過越祭について説明している。ただし、過越が契約共同体の「契約」の祭りであることに強調点を置いていない。

（13）E. Kutsch, Art. ברית, in: THAT I, 1978, S. 340. ただし、クッチュ自身はこの説明に否定的である。M. Weinfeld, Art. ברית, in: ThWAT I, 1973, S. 783 も同様。

（14）Ibid., S. 343.

（15）Ibid., S. 343.

(16) Ｗ・ツィンマリ（樋口進訳）『旧約聖書神学要綱』日本キリスト教団出版局、二〇〇〇年、七九―八〇頁。

(17) Ｇ・フォン・ラート（山我哲雄訳）『創世記　一―二五章一八節』（ＡＴＤ旧約聖書註解）ＡＴＤ・ＮＴＤ聖書註解刊行会、一九九三年、三二二頁。

(18) ノア契約では、「虹」が契約のしるしであって、ノアには何も要求されない。創世記九章八―一七節参照。

(19) ダビデ契約はサムエル記下二三章五節、エレミヤ書三三章二〇―二二節、詩編八九編四―五、二八―三〇節などに見られ、ダビデとその子孫に無条件の選びが約束される。特にサムエル記下二三章五節ではダビデの家に「永遠の契約」が告げられる。

(20) G. E. Mendenhall/G. A. Herion, The Sinai Covenant, in: ABD I, 1992, pp. 1183-1188.

(21) 「モーセは血を取り、民に振りかけて言った。『見よ、これは主がこれらの言葉に基づいてあなたたちと結ばれた契約の血である』」。これはヘブライ人への手紙九章二〇節に引用されている。

(22) 「彼らは神を見て、食べ、また飲んだ」。Vgl. R. Rendtorff, Theologie des Alten Testaments. Ein kanonischer Entwurf. Bd. I: Kanonische Grundlegung, Neukirchen, 1999, SS. 53-54.

(23) 構造的に見るなら、シナイ契約はシナイ伝承（出一九・一―民一〇・一〇）の中心部分であり、またシナイ伝承を囲んでいるのは「荒野の旅」（出一五・二二―一八・二七、民一〇・一一―二〇・一三）、さらにその外枠にあるのは「エジプト脱出」（出一・一―一五・二一）と「征服物語」（民二〇・一四―三六・一三）であって、集中構造をなしている。これをさらに創世記と申命記とが囲んでいる。このような構成を考えると、まさにシナイ契約が五書の中心であることが説明できる。これについては、左近淑（大住雄一編）『旧約聖書緒論講義』（『左近淑著作集』第三巻）教文館、一九九五年、一四五―一四七頁を参照。

(24) 並木浩一「古代イスラエルにおける契約思想」『古代イスラエルとその周辺』新地書房、一九七九年、一六一頁。

(25) シケム契約でも民の応答が要求される。ヨシュア記二四章二四節には、契約締結に先立って、「わたしたちの神、主にわたしたちは仕え、その声に聞き従います」という民の信仰告白がある。これはシナイ契約とまったく同じものである。

(26) W・ブリュッゲマン（大串肇訳）『古代イスラエルの礼拝』教文館、二〇〇八年、一二五―一二六頁。旧約学者ブリュッゲマンは礼拝学的な視点から解決しようとしている。

(27) 山我哲雄「旧約学における『契約（berith）』の問題」『聖書学論集17』山本書店、一九八二年、七―八頁。

(28) これはフリーゼンについても言える。Th・C・フリーゼン（田中理夫／木田献一訳）『旧約聖書神学概説』日本キリスト教団出版局、一九六九年、一九〇頁。

(29) 旧約の本質を祭司宗教ではなく預言者宗教として捉えようとするのは、一九世紀以降のプロテスタント神学の傾向である。たとえば、一九世紀の旧約学者ヴェルハウゼンも、祭司的・律法的なものより預言者的なものに優位性を置いた。この傾向は現在においても一般的である。

(30) ノア契約もアブラハム契約も祭司文書に属するものと判断される。これについては、左近淑、前掲書、二〇九頁。イザヤ書五五章三節参照。

(31) R・W・クライン（山我哲雄訳）『バビロン捕囚とイスラエル』リトン、一九九七年、一三一頁。

(32) G・フォン・ラート（荒井章三訳）『旧約聖書神学II――イスラエルの預言者的伝承の神学』日本キリスト教団出版局、一九八二年、一八二頁、四四六―四四八頁。

(33) 前掲書、二八八頁。
(34) 多くの箇所が挙げられるが、代表的なのは出エジプト記三四章一五節、ホセア書一―三章など。
(35) 出エジプト記一九章からシナイ契約の記事が始まるが、その冒頭は「エジプトの国を出て三月目のその日に」と記述されている。シナイ契約は明らかに出エジプト（過越）の延長線上において認識されている。
(36) これは除酵祭に関する記述だが、出エジプト記一二章では過越祭と除酵祭が繋がっている。
(37) 小林信雄『主の聖餐――その起源と展開』日本キリスト教団出版局、一九九九年、一七―一九頁。小林氏は聖書において、応答を抜きにして契約が成り立たないことを指摘している。
(38) 山田耕太「ディダケーにおける聖餐」『ペディラヴィウム』六二号（ペディラヴィウム会）、二〇〇八年、二八―五一頁では、受洗者のみの配餐はイエスの意図からはずれていると評価されている。
(39) 荒井献「新約聖書における聖餐」『荒井献著作集』第一〇巻、二〇〇二年、岩波書店、一一八、一二三―一二四頁。ただし、荒井氏はパウロの立場からすると、聖餐は閉じられているという判断をしている（一二四頁）。
(40) 前掲論文、一二三―一二四頁。
(41) たとえば、高柳富夫「『聖餐』とは――包含的・開放的イエスの食卓の想起として」山口雅弘編『聖餐の豊かさを求めて』新教出版社、二〇〇八年、二九―三一頁にそういう記述が見られる。
(42) W・マルクスセン（佐藤研訳）「聖餐の観念とその変遷」H・ブラウン他『イエスの時代』教文館、一九七五年、二〇四―二〇五頁。

第四章　予型論をとおしての説教――予型論的解釈の射程と可能性

毎年春と秋に行われる日本基督教団の教師検定試験において、毎度のことではあるが、受験者の準備不足と不勉強が指摘される。特に旧約聖書神学と釈義がそうで、あらかじめ指定される旧約テクストの釈義レポートにいたっては釈義の形をなしていないものが目立つという。『旧約聖書略解』に書かれている説明をそのまま書き写すような安易な態度が受験者にあるようだ。テクストと格闘することなく、またテクストが語る言葉を十分に理解できないまま説教を作成するということがあるならば、教会の形成は危うい。旧約のテクストをきちんと釈義できないことは受験者自身の問題であるが、同時に教師を養成する神学教育も厳しく問われてくると思う。神学教育に携わる筆者がいったい何を教えているかが問われる。確かに旧約聖書をきちんと釈義した上で説教を作成することは経験豊かな牧師であっても必ずしも容易ではない。けれども、旧約を避け新約だけをテクストとして説教するならば、健やかな教会を築くことはできない。旧約聖書を恐れず、旧約聖書の豊かさを読み解いて、説教の言葉を紡ぎ出すことは牧師にとって大切な使命である。「旧約聖書から説教へ」というテーマについて論じるべき理由がここにある。

1　予型論とは何か

筆者に与えられている課題は予型論の射程と可能性についてである。そもそも予型論とは何か。いささか古典的な見解だが、Ｌ・ゴッペルト（Typos: Die typologische Deutung des Alten Testaments im Neuen, 1939）は予型論（Typologie）という概念についてこう定義する。「予型論的解釈の対象は、旧約聖書の人物、行為、出来事、制度などの歴史的諸事実、およびそれらに関連する言葉や叙述にほかならない。これらの対象が、神によって定められた予表的な叙述、すなわち来るべきより完全なより偉大な諸事実の『型』（Typos）として把握されている場合に、予型論的解釈が存在する」。要するに、予型（プロトタイプ）という名称にすでに示唆されているように、予型論は旧約聖書のテクストの歴史性を保持した上で、それを予型ないし原型とし、それにかかわる未来を対型として理解するという解釈方法である。このような予型論的解釈と区別されるのは、寓喩（アレゴリー）的解釈である。こちらは旧約の歴史性や字義とは無関係に旧約テクストをメタファーとして把握し、テクストの背後に深遠な意味があると想定する解釈だ。いわゆる霊的解釈である。それに対して、予型論的解釈はあくまで旧約聖書における歴史性（過去性）を放棄せず、新約との関係を「預言と成就」あるいは「約束と実現」という図式で見る。それは大雑把に救済史的解釈と言い換えることもできる。一般的に考えるならば、予型論的解釈が厳密に適用されるのは、終末論的なコンテクストが浮かび上がる旧約テクストに限定されるということになろう。

予型論と言うと、時代錯誤の非学問的な解釈だと見るのはまったくの見当違いである。そもそも新約聖書が旧約聖書を予型論的に解釈しているからだ。たとえば、福音書において洗礼者ヨハネの予型は預言者エリヤであり（マタ一一・一四並行）、また、「ヨナにまさるもの」（マタ一二・四一並行）、「ソロモンにまさるもの」（同四二節並行）という記述は、旧約の記述をイエスの予表として捉えているのは明らかである。パウロもアダム予型論を展開している（ロマ五・一四）。ヘブライ人への手紙に特徴的に見られる大祭司キリスト論はやはり旧約の大祭司をキリストの予表として見ている。このような予型論的表現を新約聖書の中に見出そうとするならば枚挙に遑がない。そもそも原始教会は予型論によって旧約を解釈したのである。

2　予型論の射程

旧約の予型論的解釈において、それがイエス・キリストの予表とされる典型的な箇所はイザヤ書五三章であろう。「屠り場に引かれる小羊のように／毛を刈る者の前に物を言わない羊のように／彼は口を開かなかった。捕らえられ、裁きを受けて、彼は命を取られた」（七―八節）と表現される「苦難の僕」は頗る謎めき、旧約学ではさまざまな解釈が施されるが、キリストの予型として、すなわちキリストを預言するものとして解釈することが可能である。実際、使徒言行録八章にはその適用が見られる。「そこで、フィリポは口を開き、聖書のこの個所から説きおこして、イエスについて福音を告げ知らせた」(三五節)。ここに登場するフィリポはイザヤ書五三章をキリストの予表として見ており、この旧約テクストは予型論によって解釈されている。これは旧約の中でキリストの予型として読み取れる典型的テクストである。旧約聖書にはそのようにキリストの予表となるテクストが数多くある。特にイザヤ書など預言書には顕著である。

けれども、それだからといってキリスト論的な予型論的解釈を旧約全体に機械的にあてはめることはできない。すべてのテクストをキリストの予型として解釈するキリスト予型論には限界がある。かつてドイツの旧約学者W・フィッシャー(Das Christuszeugnis des Alten Testaments, 1934)は創世記の天地創造の記述の背後にキリストの先在を見て、徹頭徹尾、キリスト論的にこれを解釈した。けれども、このキリスト論的解釈は第二次大戦後のドイツでは徹底的に拒否され、排除された。これには理由がある。フィッシャーが活躍したナチス政権下の時代、福音主義教会はユダヤ教と決別していることを弁明するために、何としても旧約聖書をユダヤ人から奪い取る必要があった。その際、キリスト論が巧みに利用された。フィッシャーのキリスト論的解釈は福音主義教会固有の旧約解釈ではあったが、予型論を隠れ蓑にした反ユダヤ主義的解釈であることが露呈したのである。あまりに予型的に、あまりにキリスト論的に解釈することは今日、教会が教会として立つことを阻害することにならないだろうか。これは、D・ボンヘッファーが「あまりに性急に、そしてあまりに直接的に新約聖書的であろうとし、またそのように感じようとする者は、僕の考えではキリスト者ではない」と記したことに繋がる（『ボンヘッファー獄中書簡集』）。

予型論は旧約テクストをキリスト証言として解釈するために有効な方法である。フィッシャーのような行き過ぎは否定されねばならないが、預言者の預言の言葉をキリストの予表として解釈することは教会が教会である限り、今日なお必要不可欠である。キリストの十字架も復活も預言書の中に確かな予表を見出すことができる。そのように、旧約テクストの中にキリストの予表を見出す予型論的解釈を放棄してはならない。旧約は新約との関係においてのみ「旧約」である。けれども、予型論的解釈はキリスト証言においてのみ適用されるべきではない。すでに指摘したとおり、これを救済史的解釈と置き換えるならば、その射程は広がる。旧約聖書の豊かさ、広がりは今日において平和、環境、人権など社会の諸問題について解決の重要な鍵や手掛かりを与える。つまり、旧約テクストの中に現在の状況を示唆するものを見出し、それを予表あるいは予型として捉え、現在に向けられた救済史的メッセージを読み解くことは十分に可能なのである。これは最近の読者反応批評にも通じるものだ。予型論が未来の予表としてテクストを解釈する方法であるとすれば、そのような予型論的解釈は当然成り立つし、また今日的な意義を有するものとなる。

3　予型論による説教へ

旧約を現代の予表として読み解くとき、筆者がまず取り上げたいのはヨナ書である。この預言書は興味深い。ヨナを現代に生きるわれわれの予型と見るならば、ヨナ書の物語に興味あるメッセージが読み取れるだろう。この物語の中で、まずヨナは民族的・宗教的に偏狭な人物として浮かび上がる。彼にとって、異なる民族、異なる宗教は関心の外である。何しろヨナは異教の都ニネベなどどうなったって構わないし、それどころか滅亡を期待してさえいたのである。けれども、ニネベに住む「十二万人以上の右も左もわきまえぬ人間」を神は御心に留めておられた（四・一一）。すなわち、偏狭な民族主義と宗教観を戒め、異なる民族や異なる宗教に関心を示し、受け入れるべき寛容が神によって説かれているのである。民族や宗教が複雑に絡む現代世界の深刻な諸問題にどう対処すべきかを考えるならば、ヨナ（われわれ）は自らの偏狭さに気づき、自らを徹底的に相対化すべきだというヨナ書のメッセージが読み取れる。

さらに、ヨナ書で特徴的なのは、ヨナが「逃走する」ことだ。ニネベに行けと神から命じられたのに、ヨナは「主から逃れようとし」（一・三に二回）、「主の前から逃げ〔る〕」（同一〇節）。ヨナは委ねられた責任を放棄して逃走するのである。神は終末の破局を回避させるためにヨナを使者として遣わしたにもかかわらず、ヨナはその果たすべき責任を放棄している。この責任放棄は、現代における地球規模の深刻な環境問題を想起するならば、われわれの現実を言い当てている。われわれはまるで対岸の火事でも見るかのように、これまでどおりの消費生活にどっぷり浸かっているからである。この点でも、ヨナはわれわれの予表である。ヨナ（われわれ）に求められるのは、予測しうる事態から逃走してはならず、地球の未来のために現在の責任をきちんと果たすべきだということだ。予型論という方法でヨナ書を解釈すれば、このようなメッセージが読み取れるだろう。

コヘレトの言葉にも予型論的な解釈の可能性を見出すことができる。「太陽の下に空しいことがあるのを見た。ひとりの男があった。友も息子も兄弟もない。際限もなく労苦し、彼の目は富に飽くことがない」（四・七―八）、「銀を愛する者は銀に飽くことなく／富を愛する者は収益に満足しない」（五・九）、「その一生の間、食べることさえ闇の中。悩み、患い、怒りは尽きない」（五・一六）。このような記述の中に現代社会を予表するものは確かにある。コヘレトの時代は、貨幣経済の浸透によって経済の変動が著しく、そのために貧富の差は増大し、投資に失敗した者は破綻して路頭に迷ったという。市場経済の浮沈によって勝ち組と負け組が分かれ、コヘレトはその後者に属したとするならば、コヘレトは多くの現代人の予表である。「たとえ、千年の長寿を二度繰り返したとしても、幸福でなかったなら、何になろう。すべてのものは同じひとつの所（＝死）に行くのだから」（六・六）は現代人の共通認識ではないか。先行きが不透明で不確実な時代に、どう生きればよいか。コヘレトは「朝、種を蒔け、夜にも手を休めるな。実を結ぶのはあれかこれか／それとも両方なのか、分からないのだから」と説く（一一・六）。それは、先行き不透明だからこそ最善を尽くせ、今を懸命に生きよ、というメッセージとなる。最悪のシナリオをも想定した建設的悲観論と言ってもよいだろう。コヘレトは残された時間の短さ（＝空しさ）を熟知するからこそ、積極的に生きようとするのだ。コヘレトの言葉は予型論を用いれば極めて現代的に語りうるのである。幾つかの実例を示したが、現代とのかかわりで旧約テクストを予型論的・救済史的に解釈することは十分可能ではないかと筆者は考える。

4　フォン・ラートの説教をめぐって

G・フォン・ラートは二〇世紀を代表する旧約学者であったが、彼は説教者としても著名であった。フォン・ラートの旧約神学は「約束と成就」という救済史的図式で組み立てられているように、旧約テクストを用いた彼の説教も救済史的な枠組みを有する。二〇〇一年にハイデルベルク大学でフォン・ラート生誕一〇〇年を記念するシンポジウムが開催されたが、その中でCh・メラー教授はフォン・ラートの説教について興味深い講演をしている（季刊『教会』四九号、二〇〇二年に拙訳で掲載）。メラー教授は一九六八年のフォン・ラートの説教を取り上げた。それはヨシュア記五章一三―一五節をテクストにしたフォン・ラート晩年の名説教である。エリコ攻略の直前にヨシュアが見知らぬ戦士に遭遇した記述をフォン・ラートは予型論的に解釈する。ヨシュアはその見知らぬ戦士に対して「敵か味方か」という横柄な態度で対応する。そのヨシュアの姿が一九六八年の大学紛争下で「お前は右か左か」と教師に詰め寄る殺気立った学生たちの予型として読み取られているのは明らかである。大学教会をも巻き込んだこの深刻な紛争の渦中、フォン・ラートは旧約テクストを福音の言葉として読んだ。「あなたの立っている場所は聖なる所である」（ヨシュ五・一五）という言葉において、右か左かという政治的二者択一ではなく、一緒に主の御前にへりくだる礼拝をすべきだし、またそれこそが和解の道だ、というメッセージをフォン・ラートは読み取っているのである。

この説教についてメラー教授の分析と解説は実に見事なものだが、筆者の関心はフォン・ラートの説教における説教者としての姿勢である。フォン・ラートは旧約聖書から今、主は何をわれわれに語ろうとしているかを読み取る。旧約をただ単に新約の予型として読み取るのではなく、旧約聖書そのものから福音を聴き取る。しかも、それは教会という信仰共同体の一致と和解を求めるという救済史的な方向を有するのは確かである。われわれは旧約を新約に結びつけるという仕方でのみ旧約テクストを読むが、フォン・ラートはあくまで旧約そのものから現在に語りかける福音を読み取るのである。もちろんそこに検討すべきさまざまな問題があるが、筆者はフォン・ラートの態度に共感を覚える。

予型論を用いた旧約からの説教はいろいろな可能性を有する。それによって現代の諸問題について有用なメッセージを語りうるのは確かである。けれども、大切なことは、それが主観的で安易な読み込みであっては決してならないということだ。歴史的批評的な釈義は要求される。テクストのきちんとした釈義によって、初めて現代に語りうるメッセージが紡ぎ出される。旧約聖書学の知見はどうしても必要なのだ。けれども、それだけでは説教はできない。聖書学の知見による釈義から説教へと言葉を紡いでいくためには、神学的な思考と吟味が要求される。予型論的解釈はそこに機能する場所を有するのである。

参考文献

W・アイヒロット（時田光彦訳）「予型論的釈義は適切な釈義か」C・ヴェスターマン編『旧約聖書解釈

学の諸問題――旧約聖書理解のための論文集』日本キリスト教団出版局、一九七五年。
野本真也「予型論的解釈」『聖書学方法論』日本キリスト教団出版局、一九七九年。
S. G. Hall, Art. Typologie, in: TRE 34, 2002, SS. 208-224.

第五章　旧約聖書における信仰告白《クレドー》

――「告白教会」の旧約学者G・フォン・ラートに寄せて

1　はじめに

告白教会形成史の記念碑的遺産である「バルメン宣言」が採択されて今年（一九九四年）は六〇年目にあたる。このバルメン宣言をめぐって、これまでさまざまな角度から多くの研究がなされてきたが、旧約聖書解釈の問題に寄せて論じたものはほとんど見られなかったように思う。旧約聖書は、当時、反ユダヤ政策をとるナチズムからすれば抹殺されるべきもの以外の何ものでもなかった。そのため、旧約聖書をそれ自体として読み研究することはまるで無価値となり、決定的に意味を失った。すでに名をなす旧約学者といえど、少なくともナチズムに引き寄せた解釈の方向を取らなければ、たちまちナチスの糾弾の矛先が向いたのである。実際、旧約研究に対する抑圧は相当なもので、フォン・ラートをして「研究が今日危機に瀕している」と嘆かせるほど深刻な事態であった。そのような時代状況の中で、旧約聖書をあくまでも教会を教会たらしめる「神の言葉」として読み取るために、一体どのような闘いがなされたのだろうか。また、危機の押し迫る時代状況の中で、そもそも旧約聖書は一体何を語ることができたのか、いや、できるのであろうか。

２　「告白教会」とフォン・ラート

ドイツの旧約学者の中で、「告白教会」の孤塁を守り抜いた一人にゲルハルト・フォン・ラート（一九〇一―一九七一）がいる。フォン・ラートについては、名著『旧約聖書神学Ⅰ・Ⅱ』（一九五七年、一九六〇年）や『創世記注解』（一九五三年）、『イスラエルの知恵』（一九七〇年）などがすでに邦訳されているのでおなじみであろう。彼は名実ともに今世紀を代表する旧約学者の一人であり、没後の今日も旧約学の多くの分野で絶大な影響力を保持している。が、その彼が第二次大戦中、ナチズムに反対する「告白教会」の一員として勇気ある誠実な闘いをしたことは意外に知られていない（H・W・ヴォルフやC・ヴェスターマンなどもその一人である）。

フォン・ラートは、一九三四年から四四年の召集までイエナ大学で旧約学の教授職にあった。このイエナ大学は当時ナチスに加担する「ドイツ・キリスト者」たちの牙城であり、その中で唯一人純粋な「告白教会」の立場で奮闘したのがフォン・ラートである。このイエナ時代のフォン・ラートについては、当時その直接の指導を受けた関根正雄氏の感銘深い回想記があるので、二、三のエピソードを紹介してみよう（「滞独雑記」『関根正雄著作集』第三巻）。

当時、イエナ大学の大学教会の礼拝では、こともあろうに、聖書の代わりにゲルマンの太陽讃歌が朗読されることがあり、またヒトラーを神の啓示者とみなす教授たちで大学は占められていたという。しかし、そのような雰囲気をものともせず、フォン・ラートは毅然としてナチス不支持の立場をとり続けた。当時、彼のクラスにはほんの二、三人の学生しか集まらず、孤立は深刻であった。が、その孤立の中でも、彼はイエナを席巻するドイツ・キリスト者の教会と一線を画す「告白教会」の人々と共に毎週小さな礼拝を守った。その告白教会の牧師が召集されたあとは、フォン・ラート自らが礼拝を司り説教をしたのである。一方、彼の家庭では、ひどく迫害されているユダヤ人のために心をこめた祈りが捧げられ、夫人は夜ひそかにユダヤ人を訪ねて慰め励ましていたという。もし発覚すればフォン・ラート自身が大学から追放されることは必至であった。実際、有名な旧約本文学者のパウル・カーレは、夫人があるユダヤ人を援助していたためにボン大学の教授を罷免されている。これはフォン・ラート一家の信仰の闘いの一例と言えよう。

関根氏はフォン・ラートに寄せて一つの感銘深い想い出を記している。告白教会の一員であったユダヤ婦人の想い出である。彼女にとうとう秘密警察から出頭命令が来た時、フォン・ラートは青年たちと共に一夜の送別会を催した。讃美歌を歌い、聖書を読み、涙をもって共に祈り、そして彼女は深い平安に満たされて別れを告げた。やがて彼女は連行先のポーランドで消息を絶ったという。

しかし、そのフォン・ラートも、一九四四年に突然の召集を受け、イエナを立った。翌四五年、彼は捕虜収容所でドイツの敗戦を知る。当時四三歳の彼は、収容所のひどい生活状況の中で他の牧師や

神学生たちと早朝の集会を開き、創世記を講解した。彼の名著『創世記注解』はここから生まれたのである。(1)

孤立無援のイエナで、旧約学者として誠実にまた果敢に時代を生きたフォン・ラートの姿にわれわれは爽やかな感動を覚える。彼の学問は決して現実から遊離したアカデミズムではなく、むしろ現実の深い苦悩と不断の闘いの中から生み出されたものだと言えそうである。このようなフォン・ラートの神学の姿勢の中には、「バルメン宣言」の第三項や第五項のテーゼに深く通じるものがある。

それでは、当時のフォン・ラートは、具体的にはどのような旧約聖書の読み方をし、また旧約聖書から何を読み取ったのだろうか。

3　フォン・ラートと「信仰告白《クレドー》」

ナチズムが跋扈していた時代のフォン・ラートの代表的著作に『六書の様式史的問題』（一九三八年）がある。彼はこの五書（六書）研究で、出エジプトから土地取得に至る五書物語の大部分を救済史という枠組みで捉え、その際、作業仮説として五書物語の原型となる最古の「歴史的小信仰告白」を見出した。

これは申命記二六章五―九節などに典型的に見られるもので、彼はこの中に含まれる「出エジプト・土地取得伝承」（救済史伝承）に「シナイ伝承」が挿入され、さらに拡張された結果、今日ある五書物語の全体が成立した、と説明した。もっとも、その際、物語全体の形成に決定的に関与したのはヤハウィストであり、また救済史伝承とシナイ伝承がそれぞれギルガル、シケムの祭儀伝承に起源する、と見た点にフォン・ラート説の特徴がある。

この「信仰告白」が五書の成立の核をなすというフォン・ラートのテーゼは、五書ないし六書研究にまったく新しい転機をもたらした。というのも、五書の文書資料を細部にわたって緻密に分析する研究方法は、当時すでに研究の行き詰まりに達していたからである。後にこのフォン・ラートのテーゼはとりわけM・ノートの批判により新たな展開を見、それに続く五書研究の百花繚乱を促した。が、それら五書研究の起源材となったのは、やはり何と言ってもフォン・ラートのテーゼであろう。

もっとも今日、申命記二六章に見られる「信仰告白」の起源の古さを積極的に支持する学者は多くはなく、ヤハウィストの貢献についても見解はさまざまである。しかし、フォン・ラートが発見した「信仰告白」が五書ないし六書の救済史の要約をなしているという考え方に異議を唱える学者はほとんどいないであろう。その意味では、フォン・ラートを今日なお旧約の「信仰告白」の発見者と呼ぶことが許されるのである。

ところで、フォン・ラートが注目したこの救済史的「信仰告白」について、一つの謎解きを試みることができるかもしれない。

というのも、彼はこの「信仰告白」が「最古の時代から存在し、その基本的な部分は何らの変化も受けていない」と、ほとんど楽観的と言ってもよい強い確信を示していたからである。旧約聖書の中に不変の「信仰告白」が純粋な形で保存されているとの彼の確信は、旧約聖書が「神の言葉」として現在においてもなお不変の輝きとインパクトを有しているという彼自身の信念に基づく。このことは、当時の「告白教会」の姿勢と決定的に結びついているとは言えまいか。「信仰告白」が単なる過去の信仰の遺産ではなく現在においても確かな力を有するとの一致した認識が、当時くり広げられていた教会闘争を支える根本的原動力であったからである。フォン・ラートが旧約の核をなす「信仰告白」に現在的意味を見出そうとした背景には、このような「告白教会」の旧約学者の実存がからんでいる。

実際、『六書の様式史的問題』の序文にある「問題提起」の中に、彼の実存的問題意識を読み取ることができる。そこには、旧約学者として五書ないし六書研究の行き詰まった危機的状況からなんとか脱出を企ろうとする彼の意欲と共に、その研究の危機を危機たらしめている時代状況に対する彼の闘いの姿勢を読み取れる。その意味では、彼の「信仰告白」への注目は極めて時局性に富むものであったと言わざるを得ない。

学問上の甚だ煩瑣な議論ゆえに、旧約聖書に内在する歴史的意味と現実状況との接点を見失ってしまった当時の憂慮すべき状況は、ナチズムの旧約聖書抹殺に追従する方向と相即し、旧約聖書そのものに対する信仰の危機を招来させた。今日、フォン・ラートの発見した「信仰告白」の起源についてなるほど疑義はある。しかし、彼は旧約聖書の成立時以来不変の「信仰告白」が在来することを示すことにより、旧約研究の閉塞をなんとかして打破しようとした。同時に、危機的時代状況にあえいで生きる同信の人々に、旧約聖書が今日なお不変の強いインパクトを有することを彼は渾身の力で訴えたのである。

　このフォン・ラートの救済史的「信仰告白《クレドー》」の発見とそれによる問題提起は、実は今日われわれが旧約聖書における「信仰告白」を考える上で極めて有効な手掛かりになると思われる。

4　「信仰告白」のモデルとしての出エジプト伝承

　旧約聖書における救済史的「信仰告白」の原初形態が、フォン・ラートも指摘した「出エジプト伝承」であるとすれば、その「出エジプト伝承」は旧約聖書において一体どのような展開を見たのだろうか。われわれは彼の問題提起を土台にした上で、旧約聖書における「信仰告白」を考える一つのモデルとしてこの「出エジプト伝承」の形成発展過程を簡単に辿ってみることにしよう。限られた紙幅である以上、大雑把なデッサンを描くだけにすぎないが、「信仰告白」の成立母胎となる「イスラエル信仰共同体」（教団）の成立に的を絞って考えたい。

　フォン・ラートの信仰告白説の批判的継承者であるM・ノートは、「出エジプト伝承」の本来的な形を「エジプトからの救出」という主題内容に集約し、これを原信仰告白と呼んだ。ノートに従えば、まずこのエジプトからの救出という前代未聞の出来事こそが原信仰告白の発端となる。もっとも、ノートはその出来事がどのようにして全イスラエル共通の信仰告白にまでなり得たかについては説明を控え、また史実的問題についても明言を避ける。だが、何らかの歴史的出来事に基づく「出エジプト伝承」がイスラエル諸部族全体に共通する最古の信仰告白を形造ったのだと考えることに異論はなかろう。

いずれにせよ、申命記二六章などに典型的に見られる「出エジプト伝承」としての信仰告白はイスラエル部族連合全体の共有財産であり、この「信仰告白」を唯一共通のアイデンティティーとしてイスラエル民族の形成と旧約聖書の形成は始まったのである。

しかし、この「信仰告白」が聖書の形成において決定的な意味を担う出来事が起こった。それは紀元前五八七年の南王国ユダの滅亡とそれに続くバビロン捕囚である。この紀元前六世紀は聖書の成立について決定的な意味を持っている。というのも、この時代に申命記的歴史書（申命記～列王記上下）ならびに祭司文書（創世記～民数記）が成立し、さらにはエレミヤ書、エゼキエル書、第二イザヤなど多くの預言書もこの時代に成立したからである。「旧約聖書の大部分が民族的崩壊経験との深い関わりの中で成立した」（左近淑）と指摘されるゆえんである。

「出エジプト伝承」のヴァリエーションの多くがこの時代に成立した諸文書に多く見られることは注目に値する。たとえば、ヨシュア記九章九節、士師記六章八―九節、サムエル記上一〇章一八節、列王記上八章五一節、エゼキエル書二〇章五―一〇節などが挙げられよう（詩編一三五編なども含めてよいかもしれない）。

では、なぜこのような現象が見られるのだろうか。それはこの時代状況を考えてみれば自ずと説明がつく。国は戦いに敗れて国家が消失し、イスラエル民族の成立基盤は完全に崩壊したのである。神殿と国家を失った民族は民族としてのアイデンティティーを決定的に喪失した。しかし、イスラエルはこの後、民族としてではなく「信仰共同体」（教団）として見事に再生したのである。旧約聖書によって！　その崩壊期にイスラエルのアイデンティティーを確認させ共同体の再生を促したのは、とりわけ出エジプトの信仰告白《クレドー》ではなかったか。民族成立時の信仰告白が民族滅亡時に再告白された時、イスラエルは「信仰共同体」として生き残ったのである。いや、むしろこの「信仰告白」が民族的崩壊の時代に再告白されることによって、旧約聖書の形成が促され「信仰共同体」が確立したとすら言えるであろう。十戒や「シェマー」を初めとする申命記法の最終的編集が五書と教団の形成を決定せしめたと説明するのが今日まで適切かもしれないが、救済史のレベルではこのように説明することも許容されるに違いない。いずれにせよ、信仰共同体の存立においてこの「信仰告白」は決定的な意味を有したのである。

　このことは第二イザヤに表れる出エジプト伝承のヴァリエーションを考える時、一層鮮明となろう。イザヤ書四三章一四―二一節には、「新しい出エジプト」とも呼ぶべき第二イザヤの終末論的救済預言が記されている。第二イザヤはいわば荒野の時代、すなわち戦いに敗れ、神殿が破壊され、国家が消失し、大勢の民が抑留される捕囚期に生きた。この時代、抑留先の大国バビロンの地で荒廃した精神状況にあえぐ同胞の人々に対し、第二イザヤは出エジプトの「信仰告白」を用い、これから起こらんとする救済を預言した。つまり、過去の出エジプトを回想して語るのではなく、この崩壊の現実の中でまさに胎動しつつある「新しい出エジプト」を預言したのである。

この第二イザヤの終末論的預言は、「新しい出エジプト」によって再生される「イスラエル信仰共同体」の新たな歴史の始まりを力強く予告している。実際、捕囚の地でそれは苦難にあえぐイスラエルを奮い立たせた。第二イザヤの預言の中心がここにあるとするならば、われわれは出エジプト伝承としての「信仰告白」が信仰共同体の形成に決定的に作用している実例をここに見出すことができるのである。

5　旧約聖書における信仰告白

C・ヴェスターマンは、旧約聖書における信仰告白の原初形態を「ヤハウェはわれわれの神である」という表現に要約し、その際この告白の本質的特徴を四つ挙げる。⑴告白の主体が全イスラエルである。⑵問いに対する応答として告白される。⑶決断という性質を有する。⑷他者の前で告白される。そして彼は、この告白に当初から「エジプトからの脱出」の主題が不可分に結びつき、これが申命記六章四―九節や十戒という信仰告白に発展して捕囚期以降、共同体の礼拝の中で告白されるようになった、と説明している[2]。

このヴェスターマンの指摘はわれわれに示唆を与えてくれる。そもそも旧約聖書における「信仰告白」は機械的な反復を許容するものではなく、イスラエル民族あるいはイスラエル共同体の存立に直接かかわるものであり、それゆえにまた告白する共同体の実存が常に関係している。信仰告白は、何よりもそれが成立する歴史の現実が問われなければならない。このことは、「聖書本文の中でなされている信仰告白は、無時間的な言明ではなく、常にその時の歴史的な危機とのかかわりを持っている」[3]と指摘する大串元亮氏の見解や、「崩壊期の思想である旧約聖書は歴史的現実をその〈崩れ〉ないし〈破れ〉の相において考えている」[4]と語った左近淑氏の見解と軌を一にする。

われわれは、すでに「信仰告白」の一つのモデルとしての出エジプト伝承がそのような典型的性質を有することを示した。これはなるほど一つのモデルにすぎないが、しかし旧約聖書の言葉がもともと信仰共同体の歴史的危機に結びついているとすれば、われわれは旧約聖書全体を「信仰告白」ないしケリュグマの複合体とみなすことができるに違いない。

さて、この小論を閉じるにあたって、もう一つ「信仰告白」と呼ぶべき伝承について触れておきたい。それは旧約聖書の冒頭に記されている創造伝承である。この祭司資料に属する創造物語の一節も、歴史的現実を見据えて告白された「信仰告白」であった。

「地は混沌であって」と記される創世記一章二節の言葉は、祭司記者による天地創造時の混沌としたあり様を極めて簡潔に表現している。口語訳では「形なく、むなしく」と訳されるこの言葉は、旧約聖書では他にエレミヤ書四章二三節とイザヤ書三四章一一節だけに見られる。エレミヤもイザヤも神の審判の文脈で用いるが、そこに描かれる荒廃と混沌の姿は、豊かな大地が荒涼とした荒地と化し破壊と混乱が支配する現実である。祭司記者の目に映じるのもそれと同じ現実であった。ここには捕囚期の荒廃と混乱の現実がリアルに表現されている。祭司記者はその自らが立っている現実を天地創造時の神話的表現として記したのだ。「闇が深淵の面にあり」も死に瀕した暗い現実をリアルに表現している。祭司記者は神殿の破壊、国家の滅亡、バビロン抑留により民族的帰属意識（アイデンティティー）を決定的に喪失した捕囚民の虚無的現実（カオス）の中に立っていた。

神が「光あれ」と語りかけたのはこのような現実に対してであると、祭司記者は告白している。この「光」が文字通り混沌と虚無の中に差し込む「希望の光」であることは、一五節以下で初めて自然的発光体としての光が創造されることでわかる。世界はこの「神の言葉」によって創造されたのだ。この信仰の告白はイスラエル信仰共同体のカオスからの再生を暗示し、また実際それにアイデンティファイされている。フォン・ラートがバート・クロイツナッハの捕虜収容所で創世記を講解した時、彼もまた同じ歴史的現実に立っていたのである。

旧約聖書における「信仰告白」はまさしく信仰共同体の存立にかかわる歴史的現実の中で生まれた。出エジプト伝承や創造伝承という一つのモデルが端的にそれを示しているように、「信仰告白」は信仰共同体の危機的状況の中で生まれ、同時にまた信仰共同体そのものの再生を促した。言い換えれば、それは信仰共同体の危機にもかかわらず、いや危機ゆえにこそ生み出され、それによって信仰共同体は再生を見たのである。したがって、信仰告白において信仰共同体の危機（崩壊）と再生が不可分に結びついていると言えよう。信仰共同体の危機と再生の接点、歴史の連続性と不連続性の死点に旧約聖書の信仰告白は位置する。旧約聖書の中に「信仰告白」を見出そうとする者は、すべからくこの歴史的死点に目を向けなければならない。

6　結語

われわれはフォン・ラートの「歴史的小信仰告白」に触発されて旧約聖書における信仰告白を瞥見した。フォン・ラートの問題提起は今日において少しも古びてはいない。彼の『六書の様式史的問題』が「告白教会」の危機の中で「死点を越え」ようとする苦闘の産物であったとすれば、それはまさしく旧約聖書における信仰告白の歴史的現実に立つことを意味した。今日、われわれが旧約聖書の信仰告白について語ろうとするなら、われわれ自身がこの「死点」に立つほかはない。

注

（1）並木浩一「ゲルハルト・フォン・ラートの神学的自己形成と『創世記注解』」『創世記　二五章一九―五〇章二六節』（ＡＴＤ旧約聖書註解）ＡＴＤ・ＮＴＤ聖書註解刊行会、一九九三年。
（2）C. Westermann, Bekenntnis im AT und Judentum, RGG, 3. Aufl., Bd. I, 1957.
（3）大串元亮「ケリュグマとしての旧約神学」『神学』四六号、一九八四年。
（4）左近淑「崩壊期の思想としての旧約聖書――祭司文書の場合」『左近淑著作集』第一巻、一九九二年。

初出一覧

第一部　旧約聖書の思想

第一章　旧約聖書は歴史をどう描いているか——試練と摂理
並木浩一／荒井章三編『旧約聖書を学ぶ人のために』世界思想社、二〇一二年、八六—一〇二頁。

第二章　「コヘレトの言葉」と知恵的世界観
『紀要』七号（東京神学大学総合研究所）、二〇〇四年、八九—一〇〇頁。

第三章　旧約聖書における「時」——コヘレトの「時」をめぐって
『福音と世界』二〇一二年四月号、新教出版社、二〇—二五頁。

第四章　秘密は隠される——旧約知恵文学の思想的本質
『紀要』一三号（東京神学大学総合研究所）、二〇一〇年、一〇一—一一六頁（本書収録にあたって加筆修正した）。

第五章　応報主義を超えて——旧約聖書の反応報思想

『伝道と神学』四号（東京神学大学総合研究所）、二〇一四年、一二七―一四二頁。
第六章　旧約聖書の贖罪思想、その今日的展開
『福音と世界』二〇一六年一〇月号、新教出版社、一〇―一五頁。

第二部　旧約聖書と教会

第一章　旧約聖書の礼拝
今橋朗／竹内謙太郎／越川弘英監修『キリスト教礼拝・礼拝学事典』日本キリスト教団出版局、二〇〇六年、四七二―四七五頁。
第二章　愛と法――旧約聖書のコンテキストにおいて
『神学』七二号（東京神学大学神学会）、二〇一〇年、二六―四四頁。
第三章「契約」概念から聖餐問題を考える――聖餐をめぐる聖書神学的考察
芳賀力編『まことの聖餐を求めて』教文館、二〇〇八年、一九―三七頁。
第四章　予型論をとおしての説教――予型論的解釈の射程と可能性
『福音と世界』二〇一一年三月号、新教出版社、一八―二三頁。
第五章　旧約聖書における信仰告白《クレドー》――「告白教会」の旧約学者G・フォン・ラートに寄せて
『福音と世界』一九九四年七月号、新教出版社、八―一五頁。

あとがき

本書は、過去二七年間にわたって筆者が書いた旧約聖書学の諸論文のうち、比較的読みやすいものを一冊にまとめたものである。当初は、筆者の学術論文集として大部の専門書になるはずであった。けれども、出版するにあたって編集者から提案があり、堅い学術論文の書籍化は後回しにして、まず比較的わかりやすいものを先に出版することになった。その結果、先に出版されたのが本書である。思いがけない計画変更であったが、筆者は本書の出版を先にしてくれたことを感謝している。本書のタイトル『旧約聖書と教会――今、旧約聖書を読み解く』も、筆者の研究の営みをよく理解してくれた編集者の発案による。

「あとがき」に寄せて、いくつかのことを述べておきたい。本書の一一の論考は、『神学』や『紀要』など学術雑誌に掲載されたもののほか、雑誌『福音と世界』、また共著の単行本に寄せたものなどが含まれている。筆者としては常に教会を強く意識して書いたわけではないが、読み直してみると無意識にではあれ、やはり教会というコンテキストの中で書いていたことがわかる。

振り返ると、二七年前まで筆者は地方の農村教会の牧師であった。一九八六年に神学大学を卒業して牧師となり、苦手な旧約聖書をなんとか自分のものにしたいとあえいだ。専門的な勉強はほとんどできなかった。何しろ、本もなく情報も乏しかった。冬は雪下ろしで一日が終わった。この田舎牧師に絶えず「勉強せよ」と、遠方から声をかけてくれたのは並木浩一先生であった。ある日、母校、東京神学大学の大住雄一先生が訪ねて来て、留学しないかと声をかけてくれた。筆者が旧約聖書学の研究に飛び込んだのはそれからである。その頃、初めて書いた論文が「旧約聖書における信仰告白《クレドー》」である。本書に掲載された最後の論考がそれである。これは筆者自身の信仰告白でもある。

この「旧約聖書における信仰告白《クレドー》」執筆について思い出がある。二七年前、雑誌『福音と世界』の編集者から原稿執筆の依頼があった。何の業績もなく、力量も乏しい筆者が、神学的論考を書いてほしいと要請され、無我夢中で書いたのがこの論考である。フォン・ラートをバルトの弁証法神学に引き寄せるという試みをKさんは高く評価してくれた。この論考執筆がなかったら、筆者は神学的思考を言語化するという営みを生涯しないでいたかもしれない。そういう意味で、筆者を引き出してくれたKさんに感謝している。しかし、Kさんとはもう一つの出会いがある。

Kさんの学生時代に共にキリスト者として学んだ高橋理香さんというお嬢さんがいた。彼女は筆者が牧会した日本基督教団大曲教会の会員であったが、大学に進学後まもなくリンパ腺腫を発症し、二一歳の若さで逝去した。キリスト教史を研究したいと志して闘病を続けたが、時は待ってくれなかった。ご両親は悲嘆に暮れた。特に母親は。このご両親が一人娘の逝去後に教会の礼拝に来るようになり、やがてそろって洗礼を受けた。父親は教会学校の校長となり、夫婦ともども教会を担う信者になった。ちょうどその頃筆者は牧師としてこの教会に着任した。娘を喪ったご両親の悲しみに筆者は寄り添い、母上と共に娘・理香さんの追悼集を編むことになった。わずか二〇歳で残酷な死を宣告されたお嬢さんの日記を辿りながら、苦しさと勉強したいという強い志と、両親を気遣う思いが溢れる言葉に筆者は幾度も涙した。その日記の中に大学の学友Kさんの名前があり、母上は娘の逝去後に訪ねてくれたKさんの、その後の活躍を嬉しそうに筆者に語ってくれた。筆者にとってKさんとの出会いはそこから始まる。やがてご両親は健康を蝕まれ、相次いで天に召されるが、筆者はこのご両親のことを今も忘れることはない。大曲教会在任中に論考「旧約聖書における信仰告白《クレドー》」を書いたことは、筆者が旧約研究者として歩む始まりになったにもかかわらず、生涯一伝道者を貫く決意の里程標ともなった。この結節点にKさんとの出会いがある。

長引くコロナ禍の不安と混迷の中、東京２０２０オリンピックの開催で人々が高揚し、社会が軋んだ音を立てている。こういう時期に本書が刊行されるとはまったく予想もしなかった。天の下、すべてのことに時がある、としみじみ思う。本書をお読みくださった皆さんには感謝を申し上げたい。本書刊行にあたって、教文館の高木誠一さん、石澤麻希子さんにお世話になった。とりわけ石澤さんには心から感謝を申し上げる。

二〇二一年八月初旬

小友　聡

《著者紹介》

小友　聡（おとも・さとし）

1956年、青森県に生まれる。東北大学文学部卒業、東京神学大学大学院修士課程修了。ドイツ・ベーテル神学大学に留学（神学博士）。現在、東京神学大学教授。日本基督教団大宮教会伝道師、同大曲教会牧師を経て、現在、同中村町教会牧師を兼務。

著書　『イエスと共に歩む生活』（共著、日本キリスト教団出版局、2010年）、『「コヘレトの言葉」の謎を解く』（日本聖書協会、2017年）、『コヘレトの言葉を読もう』（日本キリスト教団出版局、2019年）、『コヘレト書』（VTJ 旧約聖書注解）（日本キリスト教団出版局、2020年）、『謎解きの知恵文学』（ヨベル、2021年）ほか。

訳書　T. E. フレットハイム『出エジプト記』（現代聖書注解）（日本キリスト教団出版局、1995年）、H. W. ヘルツベルク『ヨシュア記・士師記・ルツ記』（ATD 旧約聖書註解）（共訳、ATD・NTD 聖書註解刊行会、2000年）、W. P. ブラウン『コヘレトの言葉』（現代聖書注解）（日本キリスト教団出版局、2003年）、W. ブルッゲマン『旧約聖書神学用語辞典』（監訳、日本キリスト教団出版局、2015年）、W. ブルッゲマン『平和とは何か』（共訳、教文館、2018年）ほか。

旧約聖書と教会――今、旧約聖書を読み解く

2021年10月10日　初版発行

著　者　小友　聡

発行者　渡部　満

発行所　株式会社　教文館

〒104-0061　東京都中央区銀座4-5-1　電話 03(3561)5549　FAX 03(5250)5107

URL　http://www.kyobunkwan.co.jp/publishing/

印刷所　モリモト印刷株式会社

配給元　日キ販　〒162-0814　東京都新宿区新小川町9-1

電話 03(3260)5670　FAX 03(3260)5637

ISBN 978-4-7642-6158-7　Printed in Japan